小さな指がさし示す向こうに
価値ある未来が
あるように

小さな指がさし示す向こうに
価値ある未来が
あるように

中原　恵人

# プロローグ

市内を回っていると、子供達が声をかけてくれる、

「あっ！ 市長だ！ 聞いて！　この前の陸上大会で一位だったんだよ！」

「給食になまず料理が出たよ！ 初めて食べたけど、美味しかった！」

「今度、演奏会があるから、見にきてね！」

歩いて市役所に向かっていると、お母さん達が呼び止めてくれる、

「今年はとても花付きが良いのよ。ちょっと庭を見ていってよ、市長」

「先週の農業体験では子供達がお世話になりました！とても楽しかったと言ってました！」

「街灯が切れているのを伝えたら、すぐに職員さんが直してくれて、ありがとう！」

現場に向かうと、お父さん達が真剣な顔で言ってくれる。

「市が夏ねぎのPRを一生懸命にしてくれるから、俺

らもさらに作付け面積増やそうと思ってるんだ。頑張ろうって」
「先週の川まつり、家族で参加しました！　週末にいろいろ吉川らしいイベントが増えてとても楽しいです」
「この前の市長キャラバンお疲れ様でした！　市の方向性が聞けてとても良かったです。今度うちの地区でもぜひ、市長キャラバン開催をお願いします！」

……こんな幸せなことはない。

自分のこと、家族のこと、仕事のこと……、
そして街のこと、未来のことをみんなが話してくれる。
家族のように、話しかけてくれる。

三六五日休みなく、
常に緊張し、
家族ともゆっくり会えないけれど、

自分の力を、
誰かの為に、社会の為に、未来の為に
役立てるという使命を与えてもらえて
こんな幸せなことはない……。

市長になって　四年

心に一片の曇りもなく
一切の私利私欲もなく

ただただ
正しい事のために
声なき弱きもののために
未来を担う幼いもののために
全ての命を守るために

理念を示し　計画を立て
時にはスピード感を持って
時には時間をかけて
「まちづくり」に取り組んできた

街のリーダーとしての　責任と矜持を持って
持ち得る力の全てを「まちづくり」に捧げてきた

迷うことは何もない

小さな指がさし示す向こうを目指して
多くの市民と家族のように歩いてゆく
まっすぐに歩いてゆく

そこには必ず「価値ある未来」が待っている

二〇一九年一月

吉川市長　中原恵人

目次

## 第三部　未来に向けて

# 第一部

# 本当のはじまり

# 第1章　政治のはじまり――「不登校・ひきこもり」支援の現場から

筑波大学の政治学科に在学中の一九九四年
つくば市に友人達と学習塾を設立した。

そこにたまたま「不登校」の子供が通ってきたことがキッカケで、私の「不登校・ひきこもり」支援がはじまった。

二〇〇三年には塾をNPO法人化。

「不登校・ひきこもり」の子供達への支援を充実させたくて、大学院に通って、心理学や教育学を学びもした。

しかし「不登校・ひきこもり」支援は、理論や技術でどうにかなるような簡単なものではなかった。

「お前は親の回し者だろ！二度とウチに来るな！」
そう叫びながら全身で拒絶する子の家に毎日のように訪問を重ねた。

「俺をこんな風にした父親が憎い」と
部屋の壁をバットで穴だらけにした子を、
当時新婚だった私の自宅に預かって、
夜を徹して話し相手になった。

「もう疲れ果てました。何もかも終わりにしたいです」
子育てに限界を感じ、精神的に追い詰められた母親のもとへも駆け付けた。

「生きるとは……」
「家族とは……」
「社会に出るとは……」という問いが繰り返される中で

時にあっけないほどの「人間の弱さ」や
しぶといまでの「人間の強さ」を目の当たりにしながら
全身全霊で子供達と向き合い
本気でその家族の中に入り込み
それを何年も続けてようやく
子供も家族も再生への小さな一歩を踏み出せた。

スクールに通ってくる子供達は年々増え
スタッフも増え
行政や医療機関等との連携も深まり
支援体制は充実してゆき
二〇〇八年には、運動が出来る広い庭
有機栽培の畑を持つ学舎を建設するまでに至った。

しかし、私達が必死になって
毎年一〇数名の子供達を社会へ送り出しても
全国では、五〇万人以上とも言われる子供や青年達が
「不登校・ひきこもり」で苦しんでいる現実があり

その原因も
「子供の責任」「親の責任」「学校教育の責任」などと
簡単に言い切れず

「食事から地域活動まで含めた個人のライフスタイルのあり方」

「家族のあり方」

「経済のあり方」

「国のあり方」

などの

現代日本が抱える問題がつくりだす「歪み」こそが、この「不登校・ひきこもり」問題の根本にあると分かったにもかかわらず、このまま子供達や家族への直接支援だけを展開していてはいけないと思った。

本質的な問題に切り込まなければ、「不登校・ひきこもり」の問題は解決しないと気が付いてしまった。

その手段が「政治」だった。

「政治」によって社会を改革し

「生と死」の極限まで追い込まれてゆくような子供達や家族をなくしたい。

それが、私が「政治」へ向かうはじまりだった。

そして、二〇一〇年の冬、県議選への立候補を決めた。

# 第2章　一二〇日間の早朝駅立ち――市民との共動のはじまり

「生まれて初めて選挙に行ってきましたよ、俺」

笑いながらそう話しかけてきたのは、早朝の駅前でちょくちょく見かけていた茶髪の青年だった。

二日前に県議選が終わったばかりの、二〇一一年四月一二日の早朝の駅前は、まだ選挙の余韻が濃く残っていて、何人もの人が「当選おめでとう！ よく頑張ったね！」「失礼だけど、正直難しいだろうと思ってたよ。でも、すごいね！」「新しい政治を期待しているよ！」と通勤前に声をかけてくれていた。

この青年もそうした中で声をかけてくれたのだが、通勤する人とは逆の流れ、つまり朝方まで飲んでいて、少し酔っぱらった朝帰りの途中だった。駅で見かける時は毎回そうだったから、そのシチュエーションに驚きはしなかったけれど、「もちろん、中原さんに投票しましたよ！ ちゃんと政策も読んだし。応援しています！」と言われたのには本当にビックリして、すぐに返答も出来ず、後ろ背に手を振ってタクシーに乗り込む茶髪青年に、「ありがとう！ しっかり務めるよ！」と心の中で叫んだ。

＊　＊　＊

二〇一一年四月一〇日投開票の埼玉県議会議員選挙において、私は一〇，九〇三票を獲得し、対立候補だった議長経験者の自民党現職議員と二，八〇四票の差で、政界はもちろんマスコミも驚く初当選となった。

当時九四名いた県議会議員の中でも、政党に属さず、議員経験や秘書経験などの政治経験も無いような、無所属で無名の新人の当選は珍しく、県議会に初登庁した際には、多くの人が興味を示し、「どんな選挙戦略だったのか？」「参謀は誰だ？」「支持団体があるのか？」などと声をかけてきた。

私は「選挙のやり方は自分で考え、自分の思いや政策を書いたリーフレットを持って、毎日一日も休まずに早朝の駅立ちを続けてきました。特に支援団体はありません」と答えたけれど、「それだけで当選するはずは無いだろう」と皆が訝しがった。

一言で言えば簡単に当選したように聞こえるけれど、当然、そんな簡単なものでは無かった。ただひたすらに、「自分を信じて」最後まで走り抜けたが、私自身も最初から当選の確信を持っていたわけでも無く、選挙に向けた活動が順調だったわけでもなかった。

当選が決定した瞬間、選挙事務所に集まってくれていた大勢の市民が抱き合いながら泣き始めたことが、それを物語っていた。

＊　＊　＊

二〇〇四年に長男が生まれると同時に、妻の実家のある吉川市に引っ越ししてきたけれど、「不登校・ひきこもり」支援活動の拠点はつくば市のままだったので、吉川市にはまさに寝に帰るだけであり、友人もほとんどいなかった。

けれど、そうした中でも、自分の子供達が育ってゆく「ふるさと」となる吉川市でこそ、社会を変えてゆく仕事をしたいと思い、吉川市から県議選に立候補することを決めた。

そして、二〇一一年の一月一日から毎日、早朝の駅に立ちはじめた。

初めて駅に立ったその日のことは今でもよく覚えている。

午前四時、真っ暗な道を抜けて駅に着くと、人はおろかタクシーの姿も無く、改札はシャッターが締まっていた。そんな暗く静かな駅前ロータリーを、始発の時間まで、私は一人で黙々と掃除をした。

けれど、心の中では、「やっぱり駅に立つのはやめようかな……。違うやり方の選挙活動もあるんじゃないかな……」とずっと葛藤が続いていた。

それは、「恥ずかしい」とか「何か言われたら嫌だな」というような気持ちではなく、もっと暗く重い感情、「見えない恐怖のようなもの」が押し寄せてくる感じだった。

その「見えない恐怖のようなもの」が何なのかも分からないまま、ただただ、「自分がやるしかないんだ」「政治じゃなければ変えられないんだ」と口に出して、自分に言い聞かせ、自分を奮い立たせ、どうにか駅前に立った。

街頭演説

早朝の吉川駅。まだ改札シャッターが閉まっている

駅前に立つと案の定、

「邪魔だよ！　どけよ！」

「吉川市に住んでまだ六年なんだって？　吉川市の何を知ってるんだよ！　そんな奴に何ができるんだよ！」

という意地悪な声や、

まだ政治家でもない私に向かって、

「俺らの税金で飯食ってるんだろ！　税金泥棒！」

と、理不尽な声も飛んできた。


けれどそれらは想定内だった。

「不登校・ひきこもり」支援活動の中では、もっと厳しい言葉を子供達から浴びせられたり、「生きるか死ぬか」ギリギリの状況の家族を支援してきたので、駅でのそうしたやりとりは全く苦にはならなかった。

それよりも、
多くの人が行き交う中に立ち、それぞれの人にそれぞれの毎日があることを目の当たりにすればするほど、

「こんなに多くの人々の生活や人生を受け止めきれるのだろうか？」

「責任をもって判断や決断が出来るのだろうか？」

という不安が押し寄せてきた。


駅に立つ前に感じた「見えない恐怖のようなもの」は、これだった……。

しかし、毎朝の駅立ちが、一ヵ月を過ぎたあたりから変わってきた。

雨の日も、風の日も、
毎日駅に……

それまで足早に改札に向かうだけだったサラリーマンが挨拶を返してくれるようになってきたのだ。

「おはよう！　頑張って！」

「今日も寒いね〜」

高校生もニッコリと笑いながら会釈してくれる。

「あっ、やっぱり駅にいた！　これ、保育園の事で困っていることを書いてきたので政治家になったらぜひ変えてください！」と若いお母さんが小さな子を抱きかかえながら、手書きの紙を差し出すこともあった。

「県議選に立候補する若い男の人が毎朝ずっと吉川駅に立っている……」そんな噂が広まって、様々な意見や要望が私のところへ届くようになってきた。

もっとも、まだ政治家でもない私は、そのどれに対してもすぐに応えることは出来ず、また県議会議員のマターでは無い課題も多かった。

しかし、必ずその人のところへ行き、現場を見させてもらい、話を聞かせてもらった。

こうしたコミュニケーションがはじまり、一人ひとりの顔が見えるようになってくると、「政治という責任の重さへの不安や恐怖」はいつの間にか消えていた。

一つひとつの課題が見えてきたことが、「不安や恐怖」ではなく、政治という責任の重さへの「覚悟」と同時に、何をどのようになすべきかという「道標」を私の中に生み出したのだ。

毎朝四時過ぎに真っ暗な吉川駅に向かい、駅前を掃除し、始発電車から九時すぎまで四時間以上、「おはようございます！」と挨拶をしながら自分の政策を書いたリーフレットを配布した。

そうした早朝駅立ちを、二〇一一年一月一日から、当選後の議員活動がはじまる五月まで、実に四ヵ月、一二〇日間、雨の日も雪の日も、熱が出た日も、一日たりとも休まずに行った。

そしてその中で、多くの市民と顔を向き合わせ、やり取りをし、現場へ向かった。

それが、私の政治家としての原体験であり、現在の私の市政運営の理念となっている「市民一人ひとりとの共動」「常に現場へ」はそこからはじまった。

政治家としての原点である
「早朝駅立ち」

# 第3章　二〇一一年県議会議員選挙

## ――理念と選挙が政治家を規定する

「吉川市って、他の市に比べて公園が少ないから、それをどうにかして欲しいなぁ」

元旦から、毎朝駅に立って政策を訴えていた時、多くの人から求められたのが、「新たな公園の整備」だった。

学生の頃から長いこと私の活動の拠点だった「つくば市」は、遠くに筑波山を望む緑豊かな街の中に「洞峰公園」や「万博記念公園」、そして美術館や図書館に隣接する「中央公園」などがあったから、それに比べると吉川市には「公園や緑が少ないな」と私も感じていた。

「そうだよね。僕もそう感じるから、公園整備についてちょっと調べてみるね」

そう答え、実際に調べてみて驚いた。

吉川市の「一人当たりの公園面積」は、埼玉県の平均よりも大きく、越谷市や草加市などの近隣市と比べても三倍ほど大きかったのだ。

※「一人当たりの公園面積」吉川市七・八八㎡、埼玉県六・八六㎡、越谷市二・六二㎡、草加市一・九四㎡

この事実は私の政治理念に大きな影響を与えた。

区画ごとに小さな公園が整備されていることや、江戸川河川敷が県営公園となっていることで、吉川市全体での公園面積は大きいのだが、市民の心の拠り所となるようなシンボル的な公園や大きな総合運動公園が無いことで、市民は、いや私自身も、「吉川市って、他の市に比べて公園が少ないなぁ」と感じてしまっていたのだ。

これは、「数字」で表されるものが「市民が感じること」に直結していないということであり、「実感を持てる、まちづくり」こそ、市民が求めているものだと身をもって感じた。

また、「不登校・ひきこもり」の子供達を支援する中でも、「数字による表現」に対して常に違和感を持っていた。

行政との連携では必ず「年間何人支援したか」「参加した人数は何人か」「社会復帰率は何%か」「予算の費用対効果はどうか」などという数字での評価が求められたのだ。

「数字での表現」のすべてを否定するわけではないけれど、子供達一人ひとりや、その家族の状況はそれぞれであり、「支援の内容」「社会復帰の段階」も様々ある中、個々のストーリーに光を当てずに、数字のみで表現することにどれだけの意味があり、次の支援にどうつながるのか、と疑問を呈し改善を求めていた。

そもそも、「不登校児の数」を計算する時の判断基準である「三〇日以上の欠席」という項目を見るたびに、「二九日欠席の子供なら、その子の心や取り巻く環境は問題無いと言えるのだろうか?」、そして「不登校やひきこもりではないと判断され、支援の枠から外されるのか？」と、「数字による表現」や「目標の数値化」に限界を感じており、もっと、一人ひとりの実態に合わせ、実感やリアリティのある支援の方向性を打ち出すべきだと考えていた。

このように、毎日の早朝駅立ちでの市民とのやりとりや、それまでの「不登校・ひきこもり」の子供達や家族への支援を通じて、

私は政治家としての自らのテーマを

「何％アップ」「何位」などという「数字」ではなく、
「安心」「幸せ」「郷土愛」など、
「実感」として得られるものを目指して政策を進めてゆく

とし、それを持って、選挙に向けた活動を進めていった。

しかし、すべてが順調というわけではなかった。

＊　＊　＊

「向こう側を応援してるんだから、もう来なくていいからなっ！」

シッシッと追いやるように手をヒラヒラとさせながら、農家のおじさんは目も合わせてくれずに言う。

「ぽっと出の人だし、知らないからね全然、あんたを……。吉川の出身じゃないんでしょ？」

半分だけ開いたドアから怪しむように私を見つめるおばさんは、そう言いながら結構な勢いでドアを閉めた。

私は思わず苦笑いで空を見上げる。

早朝駅立ちでは、多くの人が声をかけてくれるようになり、

「今度、会合があるから来てみたらいい。みんなに紹介してあげるよ」

「近所の友達のところに一緒に訪問してあげる」

という声もかけてもらえるようになってきた。

駅立ちを午前九時に終えると、そうやって紹介してもらったところを訪問したり、政策リーフレットをポスティングをしながら地域を回り、出会った人達一人ひとりと話をした。

けれど、前述のように厳しい言葉、冷たい態度を向けられることも多かった。それでも、嫌な気持ちになったり、落ち込んだりはしなかった。そうした対応になってしまう人たちの気持ちもなんとなく理解出来たし、なによりも「不登校・ひきこもり」支援では、最初の家庭訪問時にもっと厳しい言葉や態度で子供達から拒絶されていたので慣れていた。

そうした支援活動の中では、一回拒絶されても、何回も何回も家に通ううちに、子供達の心が少しずつ開き、やがて分かり合える日が必ず来るという経験をしていたので、「もう来るな」「あんたは知らない人だから」と言われれば言われるほど逆に燃えてきた。

出会った人達
一人ひとりと

「知らないことだらけだから、吉川市のこといろいろ教えてください！　農業についても勉強したいので、次は作業着で来ます！」

「もっと自分という人間を知ってもらえるよう、次はこれまでの自分の人生を書いた紙を持ってきます！」

そんなふうに、感じたことを素直に伝え、そしてまた訪問を繰り返した。

すると、

「……本当に作業着で来たのか……。本気か……」

おじさんは絶句すると仕方なさそうに畑仕事を手伝わせてくれて、ポツポツと農業のことを話してくれた。

おばさんは

「あんた、学校行けない子達の面倒みてたのかい。実は知り合いの孫がずっと家にいるみたいで、困ってるって相談されているんだけどね……」

と話しが止まらなくなって、二時間もお茶を飲みながら話しをした。

そう、心底人を嫌い、攻撃してくる人なんてそうはいないものだ。こちらが真っ白な気持ちで誠意と情熱を持って向かってゆけば必ず受け止めてもらえる。その人の生活と自分の人生の接点は必ずあって、それを丁寧につなげてゆけば、いつの間にか心もつながってゆく。

そして自分が役に立てることが必ずある。

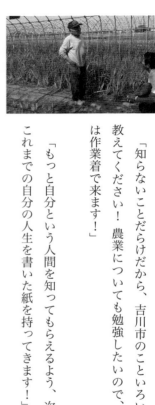

被災地へ。避難所での炊き出しを

それが政治であり、選挙の原点であると思っている。

だからこそ、
「選挙のあり方に、政治家の本質が現れる」
「選挙のあり方が、その政治家を規定する」
と常に言い続け、

団体や組織頼みではなく、市民一人ひとりに自分の考えを伝え歩き、

特定の分野の代表としてではなく、全ての分野の人々と繋がり、

その中での意見交換を通し、共にまちをつくる意識を選挙において共有しようと努めた。

「当選だけを目指した選挙」ではなく、
「市民と共に未来を創り出せる政治家になるための活動」が選挙であるべきだと考えていた。

＊　＊　＊

それをさらに強く意識することになったのが、三・一一だった。

あの日を境に、すべての活動を「選挙に向けた活動」から「支援のための活動」に切り替えた。

早朝駅立ちは「義援金活動」にし、多くの市民が協力をしてくれた。駅立ち後は市内を回り、被害の有無、支援が必要かを聞いて回った。市内に開設された避難所にも向かい、福島から避難してきた方々に支援物資を届け、さらに、東北に向けての支援物資を募り、それらを被災

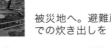

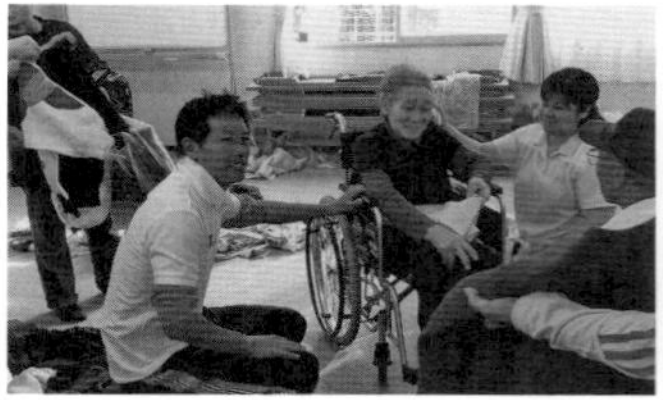

被災地へ。支援物資を届けに

地に届けた。

選挙のためにと思って手伝いに来てくれた人の中には、

投票日まで一ヵ月を切った中で、「選挙に向けた活動」ではなく、そうした「支援のための活動」を始めた私を見て、

「こんな活動していたら選挙に勝てないよ！　相手は現職議員なんだよ！」

「一人でも多くの人に自分の名前を売り込むような活動をするべきだ！」

と私のことを思って忠告してくれる人もいた。

そうした忠告は当然のことだし、ありがたかった。

けれど、私はこれで良いと思っていた。

――「政治を志している」人間が、人々が未曾有の困難にある時に動かないでどうする。そんな時に「政治家になりたい」という思いが先行するような気持ちで立候補を決めたわけじゃない――

私の中では、そんな思いの方が強かった。

そうした支援活動を続けているうちに、四月一〇日の県議会議員選挙は目前に迫ってきた。

けれど、焦りはなかった。

逆に、「支援のための活動」に切り替えたことで、「市民に伝えるべきこと」、そして「自分が政治家としてやるべきこと」が自分の中でさらに明確になり、それが市民一人ひとりに伝わり、つながってゆく実感があった。

被災地へ。山田町の子供達と野球・ＢＢＱ交流

自転車に乗っての
選挙活動

そしてはじまった選挙戦。
その期間中、一回も選挙カーに乗らなかった。

効率を求めるなら、車に乗って、名前を連呼し、手を振った方が良いのは分かっていたけれど、自転車にまたがり、市内の細い道まで入っていき、遠くに見える畑仕事中のおじいさんのところまで握手に行って思いを伝えた。

時間がかかっても、効率的じゃなくても、一人ひとりに、目指すべき未来を、そして私達がいま何をすべきかを、伝えたかった。

＊　＊　＊

当選後、「ブログやツイッター等のＳＮＳを上手く活用し、若い人を選挙に向かわせたのが当選につながりましたね」と、マスコミの人達に言われることが多かった。

けれど、私自身の実感は全く違っていた。

もちろん、ＳＮＳを利用して自分の活動や考えを毎日発信し、被災地支援を呼び掛け、それに対して多くの同世代が応えてくれた。しかし若い世代だけが支持してくれたのではなかった。

駅で声をかけてくれた初老の男性は「自分が考えた政策だ」と言って一〇ページ以上のペーパーを持ってきてくれた。

ちびっ子も、
おばあちゃんも

会ったことのない農家のおばさんが訪ねてきて「被災地に、ぜひ、この紙オムツとカップラーメンを送ってあげて」と支援物資を持ってきてくれたりもした。

世代に関係なく、多くの市民が自分の街の情報を求めていたし、誰かの為、未来の為に動きたいと願っていた。「政治がもっと自分達の身近にあれば」、と感じていたのは、若い世代だけではなかった。

それは、選挙の結果に表れていた。

この二〇一一年四月一〇日の県議選は、その四年前の県議選に比べて投票率は一・五八％しか上がっていなかった（三六・一〇％から三七・六八％へ）。

つまり、大きな風が吹いたわけではなかった。

けれど、人口が増えていたので、投票者数は約一、八〇〇人の増だった。そして、私と争った現職候補者が前回より減らした票数は約一，二〇〇票。その合計は約三，〇〇〇票であり、私と現職候補の票差の二，八〇四票に近いものとなる。

まるで、今回新たに選挙に行った人と、これまでの政治からの刷新を求めた人々の思いが合わさり、「吉川市の生まれでも育ちでも無い」私の当選につながったと言えるような結果だったのだ。

また、当時の吉川市の平均年齢は約四一歳、そして私は当選後すぐに四一歳になった。私はまさに、吉川市の真ん中の年齢であり、「子供達を育て、父母の世代である高齢者を守る、責任世代」でもあった。

子供達と現役と高齢者という世代をつなぎ
吉川の生まれ育ちの人々と
吉川市へ移り住んできた人々をつなぎ
農業地区と市街地をつなぎ……

そうやってつながった多くの市民と共に、「価値ある未来」を創り出してゆく、そうした「使命」を、私はこの選挙によって与えられたと感じた。

2011 年、県議時代

## 第4章　二〇一五年市長選挙 ——「価値ある未来を、共に」

「不登校・ひきこもり」支援の中で感じた「社会改革の必要性」は、「教育・福祉分野」に留まるものでは無く、エネルギーや食、農業までも含む「環境分野」、都市計画から地域産業の構造まで含む「インフラ整備・経済分野」、地域コミュニティーなども含めた「芸術文化分野」など多岐にわたっていた。

それゆえに県議時代には、再編された「吉川美南高校」をはじめとする「教育分野」や「福祉分野」に注力するだけではなく、

「東日本大震災への支援」を含む「危機管理分野」、「吉川橋架け替え」をはじめとする「都市整備分野」、「埼玉型圃場整備」や「鳥獣被害対策」等の「農政分野」、「さいたま劇場との連携」による「文化振興分野」など幅広く活動した。

そうした中でも、「市民への情報公開」や「市民からの政策提言」など、「市民との共動」には特に力を入れ、「NEXTよしかわ」という市民チームを立ち上げ、農業や文化、スポーツなどのイベントを開催しながら、「県政・市政報告会」「政治経済勉強会」も開催した。

県議会議員としてのこうした取り組みは、市民に自分達のまちを知ってもらい、好きになってもらうことにつながり、市民と政治の距離を縮める一歩目となった。

その中で、「もっとスピード感ある吉川市の改革や発展を目指したい」と思うに至り、政策実行に直接かかわる「市長」になることを決意し、埼玉県議会議員の任期「一期四年」をほぼ務め終わるタイミングで執行された二〇一五年二月の「吉川市市長選挙」に立候補した。

＊　＊　＊

県議会議員を一期務めたとは言え、この市長選挙も厳しい選挙だった。相手は議員を三期務め、その後、市長を四期務めている現職市長であり、地元の生まれ育ちで、様々な団体の支援があり、その支持基盤は盤石だった。

しかし、相手がいくら盤石であっても、政治や選挙に対する私のスタンスは全く変わらなかったし、変えなかった。

県議選の時に打ち出した「数字を追うよりも、実感のあるまちづくり」「市民一人ひとりとの共動」「常に現場へ」という理念を大切に、県議会議員として四年間、ひとつも手を抜かずに、一日たりとも無駄にせず活動してきたことや、

真っ白な気持ちで誠意と情熱を持って、丁寧につながってゆけば、必ず分かり合えると信じ、人と向き合ってきたことなど、

そうしたすべてを、「価値ある未来を、共に」という一フレーズに集約し、それを理念の旗として市長選挙へと向かった。

＊　＊　＊

その時の政策リーフレットのトップページにはこう記してある。

――政治家の果たすべき役割は、
今だけを見た利益の配分や利害調整ではなく、
「価値ある未来を創る」こと。

そして私達が生きている意味も、
自己実現や拡大成長ではなく、
「価値ある未来を創る」こと。

市長選挙時のリーフレット

そう、だからこそ、この一点において、
性別も年齢も職種も所属なども超えて、
私たちは一致団結できるはず――

私は、この市長選挙を通して、対立や分裂ではなく、街に大きな輪を、和を生み出したかった。選挙が「価値ある未来」へつながっているようにしたかった。

「価値ある未来」とは、市民一人ひとりが「幸福実感」を持てる毎日であり、持続可能な社会のことだ。

それは、ある日突然、誰かが作ってくれるものではなく、一人ひとりが主体性を持ちながら、多くの人と連携し、共動を積み重ねる中で創り出されるものだ。

そして、「価値ある未来」を創り出すためには、私達は知らなければならない

私達のエネルギーはどこから来るのか？
私達の食料はどのように生産されているのか？
私達のゴミはどのように処理されているのか？
私達の税金はどのように使われているのか？
私達の街の未来は誰が決定しているのか？

汚れ切った川や水路は見えないところへ追いやられ、不登校・ひきこもり問題は閉ざされた家族の中でループし、障害者や高齢者を取り巻く問題は対岸へ置かれ……

そんな社会を、私達は開いてゆかなければならない。見ないようにしてきたものを見ようとしなければならない。

そうして開かれた社会で、全てに実感を持って生きてゆくことこそが、「幸福実感」のある「価値ある未来」につながってゆき、「持続可能な社会」という「価値ある未来」を次世代に贈ることが出来る。

そう訴えて、この市長選挙においても、県議選と同じように、団体や組織頼みではなく、市民一人ひとりに自分の考えを伝え歩き、特定の分野の代表としてではなく、全ての分野の人々と繋がり、共にまちをつくる意識を市民と共有する選挙にしようと努めた。

そして二〇一五年二月二二日、

投票率が前回の市長選挙の三九・四六％から四八・九八％へと九・五二％アップした中、私が一四，一七六票、現職市長が一一，九一六票という結果で、

厳しい戦いだった市長選挙も終わった。

# 吉川が変わる時代を共に ［寄稿］

戸田かおる

「最近、毎朝駅に立ってる男の人がいるんだよね、タスキかけて」

「え？何？　何やってるの？」

「選挙に出るんじゃないか……」

八年前のある日の、私達夫婦の会話です。

その「毎朝駅に立っている男の人」と「私」に、まさか「ご縁」があるとは、その時には想像もしませんでした。

遡ること二〇数年前。

私の父は、市議会議員選挙出馬の為の準備を数年かけて進めていました。

ポスターなど全ての準備が整って、「さあ、あと一ヵ月で選挙本番！」というところで、病による急死。

父が亡くなった悲しみと喪失感は大きいものでした。

また、父の市議会議員選挙出馬に向け、家族で数年間かけて地道に取り組んできた全てが、その時一瞬にして崩れ去ったことで、さらにいいようのない虚しさが、家族の中に生まれました。

「突然の父の死」と「選挙」が切り離せず、「選挙はもうこりごり……」と、その後「選挙活動」というものから距離をとっていました。

その父の死から一二年。

幼なじみから私のもとへ一本の電話があり、私はその「毎朝駅に立っている男の人」のもとへ向かうことになったのです。その「男の人」こそが、現吉川市長の「中原恵人」氏であり、電話の幼なじみは中原氏の奥様だったのです。

この時の「中原恵人」氏との出会いが、私の意識を大きく変えることになりました。

「父の死」に対する気持ちが清算出来ていなかった私は、選挙に関わることをとてもためらいましたが、ちょうどその時、東日本大震災が発生。日本全体の価値観や生き方が問われた状態の中で、私が「中原恵人」氏に出会ったのは、何か大きな意味がある……と。

一二年間、「父の死＝選挙」という意識を変えられなかった私でしたが、この大きな流れに関わることは、私の使命だという考えに至り、再び「選挙活動」というものに目を向けることとなったのです。

この出会いにより、私の中に生まれた「自分自身の生きる役割を見つめなおす」という意識が、現在の私の活動の原点となりました。

県議となった中原氏は、とにかく現場に向かい、市民の声に耳を向け、常に情報を発信し、これまでの吉川市にはいなかった政治家として、勢力的に活動を展開しました。そして私は政策秘書としてその活動をサポートしはじめたのです。

そうした中、中原氏は「会合に出て挨拶するだけが政治家ではない」、「市民との共動こそが大事だ」と、「NEXT吉川」(市民と政治家の「共動」によるまちづくりを実現する会)を立ち上げました。

そして、その「NEXT吉川」での勉強会やイベントを通じ、これまで政治に関心が薄かった層にも「政治こそがまちづくり」という意識が浸透し始め、若いパパやママ、そして若者が「政治」に対する考え方を大きく変えていくさまは、驚くものがありました。

中原氏のこうした行動は、まさに「吉川改革のフロンティアである」と誰もが感じたことでしょう。そしてその結果、この「市民との共動」という活動の中から、多くの市議会議員が生まれたのです。

私もその中のひとりであり、二〇一六年の市議会議員選挙では、新人ながら一，五三九もの票をいただき、トップ当選という形で議会へと送り出していただきました。

父が亡くなって一七年目の春でした。

八年前、初めて中原氏に会ったあの日、まさか私が、市議会議員として吉川市のまちづくりに関わることになるとは夢にも思いませんでした。

けれど、思い出すのは、出会って間もない頃の中原氏からの一言。

「君の、人や物事へのその前向きな姿勢は政治家に向いているよ」

まだそれほど共に活動していない中で、また、父の話もしていない中で、「何を言い出すんだこの人は……」と、その時は驚きましたが……。

中原氏は何かを私の中に見て取っていたのかもしれません。

人生何が起きるか分からないものです。

今では、自分の子供達が「ふるさと」として育っていくこの「まち」の「未来づくり」に、母親として、また女性としての視点を持ちながら、市議会議員として積極的に関われるキッカケをいただいたことをとても感謝しています。

今後も、私の活動理念「小さな声にも耳を澄ます政治を」を胸に、師であり同志でもある中原恵人吉川市長と共に、「価値ある未来」を創り出す一員として、全力を尽くしていきたいと思います。

(吉川市議会議員)

column

# までいの村に、かならず陽はまた昇る

人に対するこういう気持ちを何と言うのだろうか。「慕う」「仰ぐ」「尊敬する」「敬愛する」……なかなかしっくりくる言葉が見つからなかった。

実家の母親から突然、少し厚い手紙が届いたのは二〇一三年の初夏だった。

何事かと思い封を切ると、中には新聞の切り抜きの束と短い手紙が入っていた。

「素晴らしい人です。読んでごらんなさい。」

その時、県議としての活動も三年目を迎え、四三歳だった私は、「母親から見れば、いくつになっても息子は息子か……」と苦笑いをしながら、その新聞記事「時代の証言者『飯舘に生きる』菅野典雄」を読み始めた。

＊　＊

「朝からグルッと村を回ってきたけれど、この一年でさらに変わってきていて、なんだかとても嬉しい気持ちになりました」

菅野村長のお猪口に、吉川から持参した地酒の「なまず御前」を注ぎながら私がそう言うと、

「新しい学校も見てくれましたか？　あの認定こども園と小中一貫校に、いよいよ来年の四月から子供達が戻って来るんです」

と嬉しそうに笑いながら、菅野村長は一気にお猪口を空けた。

窓の外は雪。

二〇一七年もあと数日で終わるという師走の夜の飯舘村には静かに雪が降り始めていて、穏やかに年が暮れてゆくけれど、この一年も飯舘村は激動の一年だった。

東日本大震災に伴う福島第一原発事故によって全村民が避難を余儀なくされてから六年。この年の三月三一日に一部地区を除き、ようやく村内の避難指示が解除され、八月には、村のランドマークともなる「いいたて村の道の駅・までい館」も完成、オープンした。

「それにしても、わざわざ今年も飯舘

に来てくれて……」

そう菅野村長が言うと、同席者から、「菅野村長と中原市長の出会いは何だったのですか？」と質問があった。

私は、読売新聞に掲載されていた「時代の証言者『飯舘に生きる』菅野典雄」の切り抜きを実家の母親が当時県議だった私に送ってきたこと、それを読んだ時に「絶対にこの人に会わなければならない」と感じたこと、その数ヵ月後、県議会の福島県視察の時に無理をお願いして初めて菅野村長に面会出来たこと、などを夢中で説明した。

目の前の菅野村長はそんな私をニコニコと見ながら、さらにお猪口を空けていく。

＊　＊

菅野典雄　福島県飯舘村長。

一九四六年生まれ。

一九七〇年　帯広畜産大学卒業。

酪農を営み、乳牛六〇頭を飼育するかたわら、七年間、飯舘村公民館の館長を務める。

一九九六年一〇月の村長選挙に当選し、第五代飯舘村長に就任。現在六期目。

総面積の七五％を森林が占める自然豊かな酪農の村、飯舘村において、「丁寧」「大切に」「じっくりと」「手間ひま惜しまず」「つつましく」という意味を持つ福島県の方言「までい」を理念とし、

雪の飯舘村　菅野村長のご自宅にて

平成の市町村大合併時も、「合併しない自主自立の村づくり」を掲げ、常に村民と共に、こつこつと愛を持って、またユニークな政策を持って、つくりあげてきた村は「日本で最も美しい村」と呼ばれるまでになった。

しかし、二〇一一年三月、福島原発から四〇キロも離れ、原発とはまったく無縁だった美しい村は、その原発の事故により、全村避難を余儀なくされてしまう。

全国から届く励ましと、それ以上に届く罵詈雑言、中傷の中にあっても、国や東電を敵視するのではなく、ただひたすらに未来を見つめ、「村民の生命」そして「村の復興」を第一に全身全霊を傾け対応してきた。

そして、全村避難から一年近くたった二〇一二年二月、以下の内容のスピーチを菅野村長はニューヨークにて行った。

――「までいの精神」こそが希望――

私たちはこれまで、大量生産、大量消費、大量廃棄で豊かな経済社会をつくってきました。しかし、いつまでもそのス

タイルでいいのでしょうか。

また日本人の誇りは本来、自分さえよければいいというのではなく、相手を気遣いながら「お互いさま」と言い合う人間関係だったのではないでしょうか。そして、私たちはいつの間にか、自分で考え、判断し、責任をとることが薄い国民になってしまったのではないでしょうか。

これらのことを考える機会を原発災害という形で与えられた気がしてなりません。豊かさや快適さや便利さだけを追い続けるのではなく、自主自立の精神を持ち、人間にとって大切なことをもう一度呼び戻すことが必要だと思っています。

この災害を東北の地域問題に終わらせず、多くの人々が成熟した社会のあり方を考え、ライフスタイルを見直してくれればうれしい。そして何十年か後に「あの時の福島の人々の苦しみがあったから、今の日本がある」と言ってもらえるようになってくれたら、もっとうれしい。

飯舘村は、「丁寧に」「大切に」「じっくりと」「手間ひま惜しまず」「つつましく」という意味の福島県の方言「までい」を理念にして、地域をつくってきました。私達が掲げてきた「までいの精神」こそ、実は、これからの日本のあり方なのだと信じて、飯舘に生きる希望を見いだそうと思っています。

（時代の証言者『飯舘に生きる』より）

現在（二〇一八年）、吉川市では飯舘村に応援職員を派遣している。また、その前段として二〇一七年には菅野村長に吉川市へお越しいただき、職員向けの講演会を開催し、今後の自治体のあり方、職員のあり方、さらには、未来に向けた日本人のあり方についてまでお話しいただいた。

来年の春には、飯舘村と同時に「きぼうの桜」の植樹（※1）を行う予定で、飯舘村をはじめとする東北への支援、連携をさらに深めてゆこうと考えている。

（※1）「きぼうの桜」―二〇〇八年に若田光一宇宙飛行士と共に宇宙ステーション「きぼう」で宇宙を旅した日本三大桜の種から生まれた桜。

一〇〇〇年、二〇〇〇年の悠久の時を超えて咲き続けることから、被災した自治体が津波到達点上に植え、避難の目印として、また、宇宙から見える復興のシンボルとして、子孫達に残そうとしている。

吉川市は被災地ではないけれど――

①全村避難から復興の道を一歩一歩歩んでいる飯舘村との連携による「復興への絆」がある。

②約七〇年前、カスリーン台風による利根川決壊により、高さ約二・五三ｍの水に襲われ、市が水没した「災害記憶継承の必要性」がある。
③「一般財団法人ワンアース」さんや「宇宙航空研究開発機構・ＪＡＸＡ」さんのご協力の下、金井宇宙飛行士と小学生とのリアルタイム交信事業を展開するなど、「宇宙」関連の事業を展開している。
――ことなどにより、この「きぼうの桜」を植樹することが認められ、来年（二〇一九年）、飯舘村に植樹されるのと同じタイミングで、「吉川市さくら祭り」のメイン会場である「関公園」に植樹される予定となっている。

＊　＊

気が付くと、ずいぶん長いこと、菅野村長との出会いや、その理念への共感などを私は夢中で話していたようで、その同席者は笑いながら、「中原市長は菅野村長のことが大好きなんですね」と頷いた。

あーそうか、「大好き」か……。

菅野村長に対するこの気持ちを何と表現すれば良いのか、ずっと言葉を探していたけれど、答えはとても近くにあった。

小さな頃、毎日のように、日が暮れるまで一緒に遊んでいた、少し年上の友達がいた。

曲がった事が嫌いで、みんなに優しく、何でもよく知っていて、いつも新しい遊びを考え出す、その子が大好きだった。

そう、「大好き」だった。

どこからか言葉を探してきたり、回りくどい言葉を使わなくても、「同じ時代に、同じ未来を目指し、まちづくりに取り組んでゆける幸せ」を「大好き」という言葉にして、これからも、

菅野村長と共に、それぞれの「まち」に、そしてこの日本に、「価値ある未来」を創り出してゆきたい。

追伸――母さん、新聞の切り抜きを送ってくれて、本当にありがとう……

（2017年12月31日）

早朝駅前・徒然日記

## この場所どこ？

改札を背にして立ち、駅に向かってくる人に向けて「活動報告リーフレット」を配布するのだけれど、

たまに後ろから声をかけられて「市長のリーフレットください」と言われることもある。

この日も、後ろから声をかけられたので、

「逆の入り口から来て、わざわざリーフレットをもらってくれるんだ」と思い、ニッコリ笑顔で振り返ると……

そこには初老の男性が立っていて、「君、この街に詳しい？」と。

想像していなかった言葉だったのですぐに反応出来ずに、頭の中に「？」がいくつも並びながら、「ハァ、詳しいというか、詳しくなければならないというか……」と、訳のわからない返事を。

そんな私の言葉を聞いているのか、いないのか、

「この場所どこ？」とお構いなしに手書きの地図を目の前に差し出すその男性。

「そういうことかぁ……」と心の中で苦笑いしながら、道を教えてあげると、「ありがとう！」とその男性がすぐに歩き出そうとしたので、

「あっ、せっかくだから、これを！」とリーフレットを渡したけれど、

男性は軽くうなずいて、リーフレットを受け取り、目をやりもせずカバンにしまい、「じゃっ」という感じで手を挙げて去っていった。

多分、なんかのチラシだと思ったんだろう。

後で読んでくれるかなぁ。

そして、市長本人だって気がついてくれるかなぁ。

でも、絶対吉川市民じゃないだろうなぁ（笑）。

# 第二部

# 市長としての日々

椎葉副市長と

旧庁舎での最後の議会に

歴代の秘書達と

## 深い感謝を……

16年ぶりに新たな市長が誕生したというだけでも、大変だっただろうが、それが選挙も市政運営の方法もこれまでと全く違う市長となれば、職員は本当に大変だったと思う。

2月22日に当選してからすぐに、職員と予算編成に入り、夜を徹した作業を重ね、どうにか3月議会を迎えられた。その他にも年度末・年度初めの諸行事があり、職員は対応に追われていたけれど、皆しっかりと担当業務を遂行し、新市長を必死で支えてくれ、結果、市長交代による市政運営の停滞はほぼ無かった。

当選しただけでは「市長」にはなれない。職員と共に市政運営を担えて初めて、本当の意味での「市長」となれる。そう強く感じた1期目の4年間だった。

椎葉祐司副市長は行政のプロとして厳しい視点を持ちながら、リスク管理、庁内外調整等に力を尽くしてくれたが、その裏には常に私に対する温かい眼差しがあった。

各部長をはじめとする職員達も、大きな事業に対する見直し、組み直し、また新事業の構築が矢継ぎ早に私から指示される中、しっかりとそれに応えてくれた。

そして、秘書達には感謝の言葉も無い。市民、職員、議員、そして私の4者の間を常に動き回り、私の理念を理解し、「幸福実感のあるまちづくり」に向けて全力で共に走ってくれた。

この第二部は、そうした職員達へ、いや激動の4年間を共に過ごした同志達へ、深い感謝を込めて記した。

# 第5章　初登庁でのあいさつ

## ——三位一体での前進を

二月二三日の市長選において多くの皆さまにご支援をいただき、三月七日に吉川市長に就任いたしました中原恵人でございます。

早春の寒い朝、そして少し雨も混じる中、多くの皆さまにお迎えいただきまして、皆さまと共に、新しい吉川の一ページ目をめくることができるということを、非常に嬉しく思っております。

皆さまの熱いご期待を、私自身のエネルギー、そして責任感にかえて、これから一所懸命に走っていきたいと思っております。

しかし、ご存じのとおり、市長がすべてをできるわけではありません。市役所前にはためくあの旗は吉川市章であり、吉川、旭、三輪野江の三つの地域が融合する街ということでつくられた市のマークです。紅白のめでたい配色に、川をかたどり、蓮の花のような、そして祝い袋の水引きのような美しいフォルム。そして真ん中には、幸運の「吉」の字。次の吉川もこのマークにならって進めてゆきたいと思っております。

一つ目の「花弁」は、まず市民の皆さまです。

これからは、行政がすべてをやってくれる、あるいは行政の言うことを聞いていればいい、そういう時代では

吉川市役所総合案内板
本庁舎1階
本庁舎2階
本庁舎3階
第二庁舎1階
第二庁舎2階
101会議室
102会議室
103会議室
201会議室
202会議室
203会議室
204会議室
郵便
POST
日本郵便

ありません。皆さまができることは皆さまで、そして地域でできることは地域でやっていくという自立が必ず必要になってきます。そしてもうひとつ、皆さまの経験、知恵、そしてキャリアは吉川の宝です。ぜひそれを今後の市政の中で活かしていただきたい。そして、活かしていただけるような方法、形を私は一所懸命作ってゆきたいと考えております。

二つ目の「花弁」は、市民の代表である市議会議員の皆さまだと思っております。

本日は議長をはじめ、多くの市議の皆さまにお集まりいただいておりますけれども、二元代表制として、市政をチェックする、そういった役割や視点はもちろんとても大切なものです。しかし、すでに選挙は終わりました。すべてをリセットして、この人口七〇，〇〇〇人、そして三二㎢という小さい街ながらも、顔と顔が見える温かい街「吉川」の未来を共に創ってゆく仲間なのだという気持ちでスクラムを組み、その中で討論をしてゆきたい、そのようにお願いしたいと思っております。

そして、三つ目の「花弁」は、市職員の皆さまです。

私は、「公僕」という言葉、「行政サービス」という言葉があまり好きになれません。どうしてもそこに、市民と行政の溝を感じてしまうからです。当然職員は、市民のために働きますが、「市民のために」からではなく、「市民と共に」という感覚から始めていただき、その結果として、吉川市がよくなり、市民のためになる、そのような気持ちを持って、仕事に突き進んでいただきたいと思っております。そして、職員の皆さまが、責任と充実

を感じられるように、市長として組織や環境をきちんと調整してゆこうと考えております。

それでは、私自身、市長として何をするのか。

あのマークには川の流れや水路が描かれております。まさに川や水路のように、市民、政治、行政の中を縦横無尽に市長が走ることによって皆さまを結び付け、マークの真ん中にある幸運の「吉」を、この吉川の地に、みんなで作り出せるように、大きな花を咲かせることが出来るように、この四年間走り続けたいと思っています。

まさに市のマークのように、「三位一体型の前進」の四年間としてゆきたい。

それをまず、皆さまにお伝えしてから、市長として仕事を始めたいと考えました。

結びにあたりまして、吉川のために、ここからの四年間、私のすべてを捧げてゆくことをお誓いし、就任のご挨拶とさせていただきます。

四年間よろしくお願い致します。

二〇一五年三月七日

吉川市長　中原　恵人

## 李登輝先生

「静かなる革命」により、台湾の民主化を進めた哲人政治家「李登輝」先生。
以前より先生の著作、論文を読ませていただいており、先生の政治家としての理念には深く感銘を受けていました。
「死と生への深い考察」からはじまる自己存在のありよう、そしてそれを土台とした、政策実現に向けた「発想」、周到な「準備」、「実行力」……。

台湾初の直接民主選挙で台湾総統となり、「台湾の民主化」を進めるべく人生を捧げた「李登輝」先生のその取り組みは、様々な形で自治体の長に「教え」を与えてくださいます。

そうした「李登輝」先生と直接お話しさせていただき、時間・空間をご一緒出来たことは本当に光栄でした。

「日本人が古くから持つ、『義』『勇』『礼』『誠』などのアイデンティティの中にこそ未来を創る鍵がある」。先生のそうしたお言葉を胸に刻み、今後の市政運営にあたります。

先生、ありがとうございました。

（2016 年 6 月 23 日）

台湾の李登輝先生のお宅へ

column

## 長寿のお祝いに

敬老の日を迎えるにあたり、「長寿のお祝い」でお宅訪問。今年も、肖像画の権威であられる篠田草風先生（吉川市在住）による「肖像画のプレゼント」がありました。

松島要一さん（90 歳）

篠田先生は、これまで 29 年間にわたり、吉川市内の高齢者への肖像画プレゼントをボランティアで行なってくださっており、今年は松島要一さん（90 歳）、中村まささん（96 歳）のお二人のもとへ伺いました。

予科練にいたことをお話してくださった松島さん。私も、学生だった頃に予科練を卒業した方々にお世話になっていたことがあり、話も大変に盛り上がりましたが、何よりも驚いたのは 90 歳となってもカクシャクとした松島さんのそのお姿でした。素早い身のこなし、紳士な口調に、私も松島さんのように年齢を重ねたいと思わずにはいられませんでした。

次にお邪魔した中村さんのお宅では、大勢のご家族も一緒にお祝いを。笑い声の絶えない中で、これまた 96 歳の中村さんはスタスタと歩いて、毎日手入れをしているという畑へ私を案内してくださるほどお元気。「なんでも食べるし、毎日楽しいよ」そう言って大きな声で笑う中村さんに、逆に私が元気をいただきました。

中村まささん（96 歳）

そんなお二人の、優しさや強さ、人生の悲喜こもごもが伝わる肖像画を、ご家族の皆さんと共にお二人ともたいへん喜んでくださいました。

松島さん、中村さん、いつまでもお元気でいてくださいね！

（2018 年 9 月 13 日）

# 今こそ「さきがけ」の志を［寄稿］

武村正義

私が代表を務めていた「新党さきがけ」が立ち上げた国民向けの政治・政策勉強会「さきがけ塾」。そこに通ってきた中原君に出会ったのは彼が二五歳の時でした。

あれから二三年。

「利権政治ではなく、政策での政治を！」と訴えた「新党さきがけ」の「志」をいまだに持ち続けながら、吉川市の市長として活躍している中原君の姿を頼もしく、また嬉しく思います。

当時、「さきがけ」は理念の一つに「地方分権」の推進を掲げていましたが、時代は今、まさに地域が主役。それぞれの地域がそれぞれの特徴を活かした「まちづくり」を展開してゆくためには、市民の皆さんの「知恵と行動」、そして中原君のような「理想を掲げ、真っ直ぐに進む芯のあるリーダー」が必要です。

一九九四年に発行した私の著書「小さくともキラリと光る国・日本」をいまだに大事に持ち、「先生が滋賀県知事時代に標榜した、身近なところに政治があり、みんなで考え、みんなで汗をかき行動する『自治の県政』『草の根県政』が僕の市政運営のお手本です」と言う中原君。

今後も「市民と行政の共動」の理念を胸に、頑張って欲しいと思います。

（元新党さきがけ代表、元大蔵大臣）

1995 年夏、長野にて

2011 年、県議選の応援に

1996 年、総選挙前

2014 年、市長選挙前に

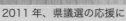

# 第6章　「マニフェスト大賞・優秀賞」の受賞　——市民と行政の共動

六本木ヒルズでの受賞式

「それでは優秀コミュニケーション戦略賞の表彰です！」

司会の女性が少し間をおいて名前を読み上げる。

「市民と行政の共動へのチャレンジ～価値ある未来を目指して～中原恵人吉川市長です！」

賞状を受け取ると会場からは大きな拍手が起きた。

「マニフェスト大賞」とは、元三重県知事で現早稲田大学名誉教授の北川正恭氏を審査委員長とする「日本最大規模の政策コンテスト」（共催・毎日新聞社など　後援・共同通信社）であり、今回は応募総数二、二四二件から、七部門それぞれに優秀賞が選ばれたのだが、吉川市の「市民と行政の共動へのチャレンジ事業」が見事「優秀コミュニケーション戦略賞」を受賞したのだ。

受賞式は二〇一八年一一月九日、「六本木ヒルズ」にて行われた。

外はもう冬を感じさせ始めていたけれど、全国から集まった首長、議員、行政職員、市民団体などで、会場の中は熱気に包まれていた。

## ――受賞メッセージ

多くの市民の皆さんと吉川市が一丸となって進めてきた「市民と行政の共動」事業。

その中で、「市民と政策決定の一歩目を共有」「市民との共動による政策実現」「市民主役の情報発信」という一連の事業が、こうして「マニフェスト大賞優秀賞」を受賞出来たということは、まさに「市民と行政の共動」によるものです。

市民の皆さん、そして職員へ心から「おめでとうございます！」の言葉を贈らせていただきます。

今後も吉川市の目標である「市民一人ひとりの幸福実感の向上」「次世代のための持続可能な社会作り」を成し遂げるために、「市民と行政の共動」をさらに進め、「価値ある未来」へ市民の皆さんと共に歩んでゆきたいと思います。

中原　恵人

## 「市民と行政の共動」へのチャレンジ
### ～「価値ある未来」を目指して～

■二〇一五年三月に市長に就任して以来、「価値ある未来を、共に」を理念に市政運営を展開。

「価値ある未来」とは「幸福実感のある暮らし・次世代のための持続可能な社会」と定義し、その実現のためには市民が主体的にまちづくりに関わることが重要であると、「市民と行政の共動」事業に力を入れてきた。

（※共動—「課題を共有し、解決に向けて共に動くこと」を意味する造語）

そしてその「市民と行政の共動事業」は、

1「市民と政策決定の一歩目を共有」
2「市民との共動による政策実現」
3「市民主役の情報発信」

という三つのステップに分けられる。

### STEP1
### 「市民と政策決定の一歩目を共有」

**(1)「市長キャラバン」開始**
（就任時から二〇一八年一一月までに三七回開催—のべ一，三〇七名参加）

「総合振興計画策定」「新庁舎建設」「駅前開発」「新中学校建設」「川まちづくり」「市民農園活性化」など、市の方向性や大きな事業に対して市民と市長が直接意見交換を行う。市主催。市長が自らマイクを握り、進行役を務め、一問一答形式やワークショップ形式を導入し、アットホームな雰囲気の中、夢のような提案から厳しい意見まで、自由に話せる場作りにチャレンジしている。

**【事例】**
試算約五二二億円であった新庁舎建設費を、「市長キャラバン」で市民と再検討。そこでの意見をもとに「新庁舎と隣接する市民交流センターおあしすとの一体的整備」という方向性を打ち出し、庁舎をコンパクトに再設計し、庁舎建設費約一六億円の削減に成功。内覧会には「市長キャラバン」に参加した市民をはじめ一，〇〇〇人を超える市民が来場。

**(2)「どこでも市長」開始**
（就任時から二〇一八年一一月現在までに四〇回開催——のべ九一五名参加）

自治会や子育てサークル、各種団体などに市長が招かれ、市政運営の現状や課題を伝えると共に、それぞれの団体の課題や地域の課題を共有し、解決への共動方法を模索する。

［事例］

●「どこでも市長」での意見交換を経て、他所で使用されなくなった遊具（鉄棒・ブランコ）を再利用し公園に設置。

●「アレルギーを持つ子供の情報を学校と消防組合で共有する」など。

### ⑶「市長とランチミーティング」開始

（就任時から二〇一八年一一月現在までに四一回―のべ二四六名参加）

市内小中学校（一一校）全てを一年かけて訪問し、子供達と給食を食べながら、市の良い点、改善すべき点をはじめ、まちづくり全般について意見交換を行い、子供達から出された提案の実現を目指している。

［事例］

●「なまずの里としてまちおこしを行っているのだから、それを宣伝する看板を作ったらどうか」という子供達からの提案に対応し、市外から吉川市に入る主要道路五ヵ所に、『ようこそなまずの里へ　吉川市』の看板を設置。

●「給食になまず料理を提供」

この結果、提案した子供達のみならず、他校の子供達にも「自分達の提案が実現する」「自分達もまちづくりに参加出来る」という認識が定着しつつあり、それらは郷土愛醸成や主権者教育につながるものとなっている。

★まとめ★

「市民と市長が直接意見交換をする」中で、地域の実情や市の財政状況などを市民と行政が共有する。その結果、陳情型・苦情型ではなく、提案的・主体的に市民が市政運営に参加するという変化が見られ、その提案も実現している。この⑴～⑶の三つの事業は「政策決定の一歩目を市民と共有する事業」と位置付けており、これが、後述の「市民シンクタンク」設立や「みらいステップアップ助成制度」設立につながることになった。

STEP2

## 「市民との共動による政策実現」

### ⑷「市民シンクタンク」設立

（二〇一六年度開始・これまでの提言一二件。うち五件採用、五件一部採択、二件検討中）

在住、在勤、在学であれば誰でも委員になることが出来、現在、一〇代から八〇代までの老若男女四八名が委員となっている。形式化された会議は開催せず、行政からテーマを与えることもない。委員は自らのキャリアや思いを踏まえて、それぞれが関心ある分野への政策提言を随時行うことが出来る。年二回、市長が施政方針の詳細や重点政策についての説明を行い、市の基本的な方向性や、必要な情報を提供してい

る。政策提言の為の調査や提言書作成も担当職員、また場合によっては市長が直接サポートしている。提言された政策の採用・不採用は、部長級で構成される政策会議で検討される。

［事例］

「吉川市ベトナムday」というイベント開催が採択された。これは、「吉川市在住の外国人（約一，五〇〇人）の中で最も人数の多いベトナム人（約五〇〇人）と日頃から交流を深め、日常における自治会とベトナム人の行き違いを未然に防ぐと共に、災害時の連携にも役立てられるよう、食や音楽などを中心としたベトナム人と吉川市民の交流イベントを開催しよう」というシンクタンク委員からの提案であった。そのシンクタンク委員はイベント主催側として、計画を練り、様々な調整を行い、当日は司会の一部も務めた。その後、このイベントを契機に、地区のお祭りなどにその地区に住むベトナム人を招待するということも始まっている。

その他に、

●「ひとり親、または両親のいない子供達への直接支援事業『未来への輪』開催」など。

### (5)「みらいステップアップ助成制度」設立

（二〇一七年度より開始。これまでに一〇団体に助成金交付）

立ち上がったばかりの市民団体やサークルの成長をサポートする助成金制度。団体は公開プレゼンを行い、学識者や担当職員からなる選考委員会で交付が決定する。行政支援の薄い分野や未来に向けたチャレンジを展開する団体がこれまでに選ばれている。

［事例］

採択された「ほたる鑑賞会」には、一，〇〇〇人を超える市民が参加し、一大イベントに成長しつつある。また、地元幼稚園の子供達がホタルの幼虫を放流し、成長を見守るなど、環境保全を考える機会も市民に提供している。

その他に、

●「発達に障害を持つ子供達と農業を展開し、収穫した野菜の販売や六次産業化」などが採択されている。

★まとめ★

「STEP1」の(1)〜(3)事業は「市民の提案・意見を行政が実行する」というものだが、それらをもう一歩進め、行政との連携をベースとしながらも、「市民自らが提案し行動する」ものがこの「STEP2」の(4)〜(5)事業となる。これらは「市民の自主的活動を基本とする、市民と行政の共動による政策実現の事業」と位置付けられる。

## STEP3 「市民による情報の発信」

### (6)「市政動画」配信開始

（二〇一六年度より、毎年四本配信）

新成人や地元高校生などの若者がナビゲーター役として画面に登場。職員が作った構成を踏まえて、市の事業やイベントの報告、予算編成・地域防災などについて、わかりやすく解説を行う。

**(7)「吉川市情報ラジオ番組・金のなまず」放送開始**

（二〇一七年度より毎週金曜日に放送開始。市民パーソナリティのべ二七名）

二〇一七年に設立された「こしがやエフエム（八六・八メガヘルツ）」に近隣自治体の中でいち早く番組枠を獲得。公募による市民パーソナリティが市の事業やイベントを独自に取材し、毎週金曜日午後一二時三〇分～四〇分に「吉川市情報ラジオ番組『金のなまず』」として生放送を行っている。夏休みには地元中学生もパーソナリティを務めている。

「こしがやエフエム」代表の越野操氏も私も、阪神・淡路大震災時に被災地支援に入り、そこでコミュニティの持つ力を肌で感じた経験をそれぞれが持っており、以前より「災害時における情報発信の重要性」について意見交換を行ってきた。そうした経緯もあり、先日、両者間での「災害時協定」を締結した。「こしがやエフエム」としては初の「自治体との協定締結」となる。

★まとめ★

「STEP2」の「市民との共動による政策実現」を経て、「STEP3」の(6)～(7)事業では、「市民が主役の情報発信」を目指している。そうした中、特に若者たちが自分達のまちを調べ、理解し、情報発信するという活動が「歴史文化の継承」・「教育や文化芸術の向上」・「環境課題への取り組み」・「産業の振興」等々、様々な分野の未来形成につながりつつある。現に、ナビゲーターとして参加した若者達が、市の芸術事業や教育事業などに参加している。

ＰＲ動画撮影

column

# 「市長とランチミーティング」と「どこでも市長」

「市長！　吉川市は『なまずの里』と言ってるのに、どこにもそんな看板がありません！」

「越谷や三郷から吉川に入る道路に看板を立てたらいいと思います！」

子供達のそんな意見に「なるほど……」とうなずく私。

給食を食べながら、街や学校生活、そして未来への「志」などを子供達と話す「市長とランチミーティング」での一コマです。

市内全ての小中学校を訪ねるこの事業では、これまでに多くの子供達といろいろなテーマで意見交換をしてきました（※1）。そうした中、前述の道路看板設置や、小学生の水泳大会開催、「市民交流センターおあしす」や「中央公民館」の利用方法など、子供達の意見を取り入れた事業を展開しています。

また、自治会や団体などに招かれる「どこでも市長」（※2）においても、「要望の全てを実施してもらうのは市の財政上難しいと分かっている」「優先順位を決め、私達も協力し、一つひとつ課題を解決したい」との発言をいただく中、通学路や防犯灯の整備、公園遊具の設置、地域振興の事業など、スピード感を持って展開しています。

この両事業により、「自分達の意見やアイディア、そして行動によって、自分達のまちをつくる」という「当事者意識」が高まり、さらに実現した時の「達成感」も高まってきています。これこそが、市の最大目標である「市民の幸福実感の向上」の源となるのです。今後も「市長とランチミーティング」や「どこでも市長」をはじめ、さまざまな機会で市民の皆さんとの共動を深め、まちづくりを進めてゆきます。

※1「市長とランチミーティング」二〇一八年一一月現在までに四一回開催のべ二四六名参加。

※2「どこでも市長」二〇一八年一一月現在までに四〇回のべ九一五名参加。

（2017年11月1日）

column

# ギネス世界記録、達成！

吉川市市制施行二〇周年記念を締めくくる最後のイベントは「ギネスにチャレンジ！」。

二〇周年記念のこの一年のテーマは、「歴史や先人に敬意と感謝を持った一年にしよう」

「吉川市の名産に光を当てる一年にしよう」

「多くの市民との共動で事業を展開しよう」の三つ。

そうした中、市民と市役所職員が共動で練り上げた企画は、

――新たに吉川ブランド品となった吉川産特別栽培米「吉川のしずく」を二人一組で食べ合わせすることで「ギネス世界記録」に吉川市の名前を刻もう！――というもの。

チャレンジ日は、二〇周年記念の年である二〇一六年度が終わりを迎える、二〇一七年三月二六日。

時間をかけて準備を重ねたにもかかわらず、当日は早朝から小雨が降り、三月とは思えない程の寒空。

「こんな天気じゃ誰も集まらないかもしれないな。中止にするしかないかも…」

半分そう覚悟しながら、会場へつくと、驚いたことに、大勢の市民がすでに会場に集まっていた。寒さはやわらがなかったけれど、雨はいつの間にかやみ、少し薄明りもさしてきた。

しかし、記録審査の体制準備が遅れた為に、受付時間も遅れて、おじいちゃんおばあちゃん、お父さんお母さんも、そしてチビちゃん達まで、みんなを寒い中で待たせることになってしまった。

「ステージから話しかけよう！」

待っているみんなを少しでも楽しくしたくて、思わずステージにあがってしまったけれど、ゲスト参加の「吉川市出身芸人・北条ふとしくん」と「越谷出身

元AKB・小林香菜さん」も一緒にステージにあがって会場を盛り上げてくれた。

そうやってどうにか「間」をつないでいると、ようやく準備完了。

みな二人一組で向かい合って、おにぎりを手に。すでに「あ～ん」と口を開けて待っているチビちゃんもいる。

そして、世界記録へチャレンジ開始！

けれど始まってしまえば時間は一五秒だからあっという間に終了……。

審査を待ちながら、ステージでは「特別栽培米・吉川のしずく」などが当たる大抽選会を開始したけれど、やっぱり落ち着かない……。

じりじりしながら待っていると、ようやく結果発表の合図が。

「…………」

みんなが固唾を呑んで見守る中、

「八五〇組成功で世界記録達成！」

「これまでの世界記録『六九四組』を大きく塗り替える『八五〇組の食べ合わせ』で、吉川市、見事にギネス世界記録達成です!!」

会場にそうアナウンスが流れると大きな歓声が上がった。

みんなが飛び上がって喜んでいた。

私もガッツポーズで飛び上がっていた。こんなに喜ぶなんていつぶりだろ？そう思うぐらい、本当にうれしかった。

そして最後はみんなで記念撮影！

当日キャンセルも少なく、申し込みしてくれた大半の市民が参加し、悪天候をものともせず、みんなの力を合わせて成し遂げた世界記録……。

二，〇〇〇個におよぶ「おにぎり」の製造は地元企業の「わらべや」さんが、そして記念品の「箸」も地元企業の「アイレジン」さんが、全面的に協力してくださり、市民と民間・行政の共動がそこにはあった。

まさに、二〇周年記念のテーマ通り、

「吉川市の新たな名産である『特別栽培米・吉川のしずく』に光を当て」

「多くの市民と力を合わせて」

「先人がこれまでに創ってくださったこの吉川市の名を世界に刻む」

ことが実現出来た瞬間だった。

さぁ次は、さらに一〇年、二〇年先に向かって、今日のように、みんなで力を合わせて、晴れの日も、雨の日も、頑張ろうね！

おめでとう！　みんな！

おめでとう！　吉川市！

（2017年4月1日）

column

# 吉川市ベトナムｄａｙ

市内在住の外国人約一，五〇〇人の中で、最も多いのはベトナムの方です（五〇〇人超）。

そうしたベトナムの方々と地域や行政が連携し、自治会運営や災害対策などがスムーズに進むように、また、産業振興の面からも、海外進出や人材確保など、さまざまなチャレンジへのきっかけとなるように、との提言を「市民シンクタンク」から受けて「吉川市ベトナムｄａｙ」（二〇一七年一二月二三日）が開催されました。

市内在住のベトナム人、自治会、企業、国際友好協会などの各代表に参加していただいたパネルディスカッションでは「各地域でベトナムと日本の交流を深めたい」「ベトナム人と吉川の人が参加する『ベトナムクラブ』を設立し、情報を共有しながら共に暮らしていきたい」と今後の展開の提案もありました。

会場ではベトナム語講座、歌や踊り、アオザイショーも開催。「食べ物コーナー」ではベトナム料理の生春巻きやフォーも登場し、ベトナム人約二〇〇人、日本人約三〇〇人の参加の下、会場は優しい一体感に包まれました。

この日、初めて会ったベトナムの青年は片言の日本語で「ベトナムを好きになってくれてありがとう。こうした会を開いてくれてとてもうれしい。吉川市がとても好きです」と話してくれました。また、日本の方も帰り際に「楽しい一日だったわ。なんかとても良かった」と。

「うれしい。楽しい。なんか良い」そんなささやかな優しさの重なりこそが「多文化共生」の出発点だと改めて感じた「吉川市ベトナムｄａｙ」でした。

（2018年2月1日）

## ダイヤリー 1

ロックフェス！　市長戦隊吉川レンジャー参上!!

２人でがんばろう……

埼玉政財界人チャリティー
歌謡祭（ソニックシティ）

金のなまずの化身……

打て！市長!!

真剣に玉入れ！

## ダイヤリー２

久しぶりに子供達と

親子マラソン８位入賞！市内３位!!

つかまえた!!

入った!!

## ダイヤリー3

うわっ!!

すごっ!!

ジャンピングなまりん!!

なまずだな、まず

大学生と一緒に

## 大好き！ なまりん!!

なまりん市長

ひとやすみ

吉川市の新たなキャラクター

当たってるって!!

## 大人気！ ねぎ夫!!

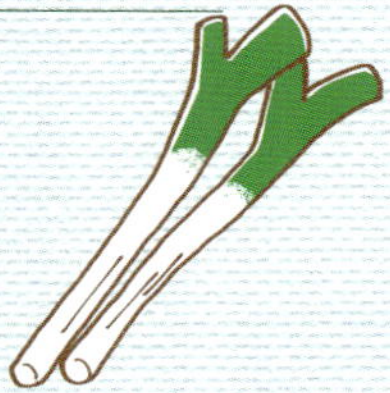

吉川ねぎ夫登場!!

吉川市出身芸人！ 北条ふとしさん

高橋陽一さん
北澤豪さん

## 吉川市を訪ねて下さった皆さん

六平直政さん

三ツ木清隆さん

左から稲葉剛治さん、鈴木隆行さん、著者、奥野僚右さん、岡崎植敬さん

「価値ある未来」を目指して

さよなら庁舎

## ダイヤリー４

山のような書類と格闘……

満月と新庁舎

八坂祭へ

雨の日も……

関公園の夕暮れ

## ダイヤリー5

完成した庁舎から

児童館プラネタリウムにて

# までいの村からのエール　［寄稿］

菅野典雄

「政治家は次の世代のことを考え、政治屋は次の選挙のことを考える」という言葉があります。吉川市長 中原恵人氏は正に政治家であり、その見本といってもよいでありましょう。

「子どもは未来からの留学生」でありますから、子どものことを頭から離すことなく、次の世代の為に今の自分に何が出来るか、為すべきかを常に心の隅に置いておられる市長さんだなと常に敬服申し上げているところです。

また今回、「マニフェスト大賞・コミュニケーション戦略賞」の優秀賞受賞と聞いております。賞の名前は戦略賞ということだそうですが、中原市長には戦略なとどいう考え方は全くないのではと私は思っています。

行政の長として、市民にどう分かりやすく伝えるか、さらに市民にどう参画していただけるかの土壌環境を作っていくことは、とても大切なことです。ある意味でこれからの時代、自治体の首長にとって最も大事な資質であり、要素でもありましょう。

したがって、戦略というより、むしろもって生まれた心の中に宿っている、あるいは育ててこられた中原市長の人柄であり、人間性そのものに対する賞ではないかと思います。

先日、私が支持者から贈られた「公正無私」の言葉に大変、興味をもたれたことでも、その思いの程を知ったところです。市長の心の中には、「生きているということは、誰かに借りをつくること。生きてゆくということは、その借りを返していくこと」の強い思いが内在されていることなのでしょう。

若さあり、行動力あり、さらに先見性の上に人としての優しさをあわせ持った中原恵人氏を選ばれた吉川市民の民意の高さに、羨ましさもあり妬みさえ覚える程です。

終わりに、「共動」の精神を吉川市の皆さんと中原市長が共により強く共有され、吉川市がますます他から羨望の市になりますよう心よりお祈り申し上げます。

（飯舘村長）

# 第7章　人事と組織 ──『スピード感』と『取捨選択』と『チャレンジ』を

2人で視察へ

「あ！ 土屋先輩お久しぶりです！ 今日は何ですか？」

県の幹部職員が、大きな声で挨拶をしながらこっちに向かってくる。

「おぅ、元気？ 今日は産業振興の件で、ちょっと関係部署にね」

私の横にいる土屋参与が軽く手を上げながら答える。

「そうですか！ 何かあればいつでも言ってください ね！」

そんなやりとりがひとしきり終わったところで、

「あっ、中原先生！ あっ、いや今は市長ですよね。その節はお世話になりました！」

その職員が土屋参与の横の私に気が付き、慌てて挨拶をする。私は苦笑いしながら「こちらこそ、県議時代は大変お世話になりました」とお辞儀すると、横で土屋参与も苦笑いをしていた。

私が市長となってから新たに設置した「参与」というポストに就任してくれた土屋氏は、知事室長や下水道局管理者などを歴任した元県幹部職員で、県庁でのキャリアはもちろんのこと、人望も兼ね備えており、「どういう経緯であの土屋が吉川市に勤めることになったのか？」と話題になったほどだ。

県職員からすれば、市長の私より、大先輩である土屋参与の方が先に目に入るのは当然で、私が市長になったばかりの頃は、土屋参与と一緒に県庁に行くと、こうした事がしばしばあった。けれど、私は不愉快になるどころか、逆に誇らしかった。

私が県議になったばかりの八年前は、同僚の県議からも「吉川市って埼玉のどこにあるの？」と聞かれていたような「まち」に、土屋氏のような人物が「参与」として就任し、市政運営に関わってくれるということはとても意義深いことだった。

土屋氏は私が県議だった時に県民生活部の部長として様々な面で力を与えてくれた。そうした土屋氏の実績、人柄を私は当時から尊敬しており、「吉川市の発展にはどうしても土屋さんの力が必要だ」とお願いにお願いを重ね、「参与」という新たなポストへの就任となった。

一六年ぶりに市長が代わり、バタバタとしている中、さらに「参与」という新たなポストが設置されたことで、職員の間で戸惑いもあったとは思うが、土屋参与の実績、そして人柄により、職員もすぐに「参与」と一丸となって「埼玉県との連携事業」を進めはじめた。

土屋参与と共に、
上田知事を訪ねて

その結果、「二郷半用水のポケットパークの延伸」、「福祉施設の新設」、「不妊治療への支援充実」、「青少年への見守り事業」、「海外への吉川産商品の販路拡大」「さいたま芸術劇場との連携による演劇事業」など、様々な分野において、県との連携が進み、大きな成果が吉川市にもたらされた。

これは吉川市政にとってエポックメイキングな人事だった。

県議時代の予算特別委員会。当時執行部だった土屋参与の顔も

## 人事と組織

他にも、市政運営における大きな転換となった人事がいくつかある。

### 「元自衛官」の採用

県議時代から、そして市長に就任後も、地震や水害の被害を受けた多くの自治体の首長や学識者と意見交換を重ねてきた。その中で、「市役所の危機管理体制の充実化」と「いざという時の為の自衛隊との連携強化」が重要と感じ、「東日本大震災」「熊本地震」で実際に被災地支援を行った「元自衛官」を二〇一七年から職員として採用した。

### 「元警察官」の採用

以前、稲城市で、男が市役所へバイクで突入し、火を放つという事件が発生。それ以来、「元警察官」を職員として採用していると、稲城市への視察時に高橋勝浩市長から伺った。それを受けて、吉川市でも、来庁している市民と職員の命を守るため、「元警察官」の採用を開始。さらに警察署とその「元警察官」の指導の下、「職員のサスマタ訓練」や「刃物を持った不審者が市役所内で暴れた」ことを想定した「緊急時対応講習」を毎年実施している。

### 吉川市初となる「女性部長」の登用

女性の積極的登用を進める中、吉川市では初となる「女性部長」を登用。管理職における女性比率の向上を目指し、若い女性職員の育成にも力を入れている。

### 「地区担当官」の設置

それまでの、「運転手、女性職員、中堅男性職員」という秘書構成を一新し、秘書を「市民と行政の共動の推進役」と位置づけ、「地区担当官」として、市民からの意見収集や市民への政策説明という任務も与えた。

### 「国や他自治体との人事交流」の推進

近隣市町との人事交流を継続する中、国との人事交流も新たに展開。子供がまだ増え続けている吉川市の状況を踏まえ、こども福祉部の保育幼稚園課課長（副部長兼任）に「厚生労働省」から、また、市の面積の三分の一が農地であり、農業を含めた産業の振興が吉川市の発展には必要であると、産業振興部の農政課課長（副部長兼任）に「農林水産省」から、国の職員を招聘。同時に、それぞれの省に吉川市の未来を担う若手職員を送り出している。

### 職員採用に「社会人枠・スポーツ枠」を設置

「民間の知恵や意識やスピード感」などを行政の中にも取り入れようと、年齢制限なし（定年前の五九歳まで可）の「社会人枠」と「プロや全国レベルで活躍したスポーツ選手」のキャリアを行政にも活かそうと「スポーツ枠」を職員採用試験に設置。両方の枠を合わせてこれまでの三年間で六人を採用した。

＊　＊

こうした人事面の充実を図ると同時に、組織機構の見直しも積極的に行ってきた。

健康、子育て、福祉など七つの課を所管していた「健康福祉部」を、「こども福祉部」と「健康長寿部」に分離し、よりきめ細やかな対応を可能とした。

その「健康長寿部」に、「スポーツ推進課」を「教育部」から移し、スポーツと健康の連携強化を図っている。

前述の「元自衛官」を採用すると同時に「危機管理課」を新設し、地震や水害への対応強化を図っている。

それまで「市民生活部」にあった「農政課」「商工課」に「企業誘致担当」を加えて「産業振興部」として独立させた。さらに「農と商工を一体とした産業振興」「市民の幸福実感向上を目的とする産業振興」を柱とした「産業振興条例」も策定した。

## 職員研修

こうして、人材確保、人事配置、組織改編に力を注ぎながら、もうひとつ重要視したのが「職員研修」だった。

「この前の研修会で、市長が他市の職員に向けて、吉川市のビジョンをお話しされているのを見て、こうした市長のお話を吉川市の職員こそが聞き、市のビジョンをみんなで共有すべきだと思いました」という職員の発案により、毎年年頭に「新春市長講話」を開催し、職員にその年の市政運営の方向性を伝えている。

また、鬼怒川決壊という大規模災害の対応を担った「茨城県常総市の高杉徹前市長」

行政への取材を主とし、報道の最前線で活躍する「読売新聞記者の飯村毅氏」

原発事故により、全村避難を余儀なくされた「福島県飯舘村の菅野典雄村長」

などを講師にお招きし、職員向けの講話を積極的に開催している。

さらに、接遇などのスキルアップ研修はもちろんのこと、「会議や市民との意見交換の場での相互理解、意見集約、合意形成を導くための能力の向上」を目的とした、ファシリテーション研修や、「東京ガス埼玉支社長の阿久根謙司氏」を講師にお招きしての「コーチングによる組織管理、事業展開」の研修を行っている。

また、「ブラインドサッカー」研修では、「入庁何年目の職員」という横での区切りではなく、「課ごと」という縦の区切りで、課長以下様々な世代の職員が一つのグループとなって、「ブラインド」状態がどういったものなのかを理解することはもちろんのこと、困難な状況下でいかにコミュニケーションを図れるか、また、いかに一体感を作り出せるかを学んでいる。

＊　＊　＊

「私が職員の皆さんに最も求めているのは『スピード感』と『取捨選択』と『チャレンジ』の三つです」

市長就任以来、これまでに何度も口に出してきたその三つの言葉をこの日の「新春市長講話」でも繰り返した。

若手職員は一生懸命にメモをとっている。

「『スピード感』というのは、事業を素早く成し遂げるというだけではなく、途中経過の報告をしっかりとやれるか、また、周知や公開、さらにその事業へ向けられた意見に応えるところまでを含めたスピードを指しています」

「『取捨選択』とは、古い事業をやめて新たな事業を始めるというだけではありません。仕事上の『しきたり・慣例』の見直しや、ベストな方法の導入まで含めた『イノベーション』を行うということも意味します」

スクリーンに映し出されたパワーポイントを真剣に見つめている部長達の顔も目に入る。

「三つ目の『チャレンジ』についても、一歩踏み出した新たな事業展開だけではなく、これまで進めてきたもの、進んできてしまったものを、もう一度原点に戻って構築しなおす、そんな勇気も含みます。つまり、ここでの『チャレンジ』とは『既成の枠を越える』ということです」

市の職員として意識をして欲しいこの「三つの姿勢」を、ことあるごとに私は職員に語ってきたが、ようやく三つの言葉が浸透しはじめたところであり、言葉の意味の理解や実際の行動に至るまではもう少し時間がかかるかもしれない。

しかし、「良い政策」と「職員の高い意識」とは、「まちづくり」の両輪であり、「まちの発展」には欠かせない。そしてそれは、「吉川市民の幸せ」に直結する。

だからこそ、市長として職員研修全体のビジョンを示し、研修を担ってくれる人材を外部から探し出し、職員の意識や仕事のスキルを高めてゆくことに腰を据えて取り組まなければならない。市長の大事な仕事の一つだ。

新春市長講話

column

# 北朝鮮による拉致被害者を救いたい

毎年、吉川駅前にて、「北朝鮮による拉致被害者を救うための署名活動」を行っています。

埼玉県吉川市という、いち地方で出来る事は少ないですが、少しでも何かやらねば、政治家として、いや、子を持つ父として、自分を許せない気持ちになる、それが、毎年の署名活動の原点となっています。

今年も、二〇一八年一〇月二〇日、拉致被害者家族である藤田隆司さんをはじめ、「救う会埼玉」の皆さん、そして吉川市議会の戸田かおる議員、稲葉剛治議員ら計三〇名で署名活動を行い、多くの方々から署名をいただきました。

横田めぐみさんが北朝鮮に拉致されてから、もう四〇年以上の時間が経ってしまいました。当時めぐみさんは一三歳。拉致される前日は、父・滋さんの四五歳の誕生日でした。

その滋さんも八五歳になり、最近は身体が思うように動かず、会合などには出席出来なくなっています。

娘を突然奪われた、父・滋さん、母・早紀江さんの気持ちを思うとき、私の心も締め付けられ、何も言葉が浮かばなくなります。

これは過去のことでも、他人事でもありません。

現在も続いている犯罪であり、いつ自分達の子供や家族が巻き込まれるか分からない問題です。

「私達に何が出来るのか」

「私達は何をなすべきなのか」

今一度、多くの方々に考えて欲しいと思います。併せて八〇〇人を超えると言われる日本人の「拉致被害者」と「拉致の可能性が濃厚である特定失踪者」の最後の一人を救出するまで、私も様々な形で活動を続けてゆきます。

皆さんのお力をお貸しください。

よろしくお願いします。

（2018年10月20日）

column

# 吉川市戦没者追悼式・平和のつどい　二〇一八年夏

「平成」が終わりを迎え、昭和がさらに遠いものとなる今、「新たな時代」が始まる高揚感に未来は明るく包まれているけれど、忘れてはいけないものもある、そう感じています。

そうした中、市長就任以来、力を入れてきた事業の一つに「吉川市戦没者追悼式・平和のつどい」があります。

遺族会の高齢化と会員の減少が吉川市でも顕著になっており、今後もしっかりと「戦争の愚かさ、悲しさ」そして「平和の尊さ」を未来へ語り継ぐことが出来るよう、より多くの市民の皆さんにご参加いただける内容にしようと、遺族会の方々と打ち合わせを重ねてきました。

これまでに、

●長崎の爆心地に住み、原爆によりご尊父を亡くされた当時八歳だった久保山榮典さん（埼玉県原爆被害者協議会副会長）や、同じく、長崎で原爆被害にあわれた上野知子さん（埼玉県原爆被害者協議会理事）のご講演

●市の演劇事業に参加された市民の皆さんによる「平和の朗読 ～演目 水辺の祈り 構成詩 ヒロシマから～」という朗読劇の公演

●中学校吹奏楽部の皆さんの演奏と合唱による「平和の音色」

●市民合唱団の皆さんによる「過去と未来」を感じさせるコーラス

●中学生による「平和都市宣言」

など、新規や継続のプログラムの充実を図ってきました。

その結果、年々若者達の参加が増加し、まさに世代を超えた平和への讃歌としての「吉川市戦没者追悼式・平和のつどい」となりつつあります。

吉川市のこれまでの歩みと発展の陰には、本市出身の四〇〇余柱の戦没者の方々の尊い犠牲とご遺族の深い悲しみがあります。それらを決して忘れることなく、これからも皆さんと「平和の尊さ」へ心をひとつにし、「価値ある未来」に向かって歩み続けてゆきたいと思います。

（2018年8月4日）

# 第8章　五大テーマ

## ——市民と共に成し遂げた公約実現

「市長！　私はあなたに投票したんですよ！　市長選挙の時、期待して。だからどうにかしてくださいよ！」

かなりヒステリックな口調で保護者の女性が言う。

他の保護者からも矢継ぎ早に発言が続く。

「同じ小学校の子供達がみんな同じ中学校に行けないなんて可哀想すぎます！」

「けやき通りの向こう側の人達は昔から南中学校に行っていたんだから、そのままにして、こっちの美南地区の子供達だけ新しい中学校に全員行けるようにしてくださいよ！」

「近くに中学校が出来るのに、なんでうちの子は自転車で一〇分かけて南中学校に通わなければならないのですか！」

誰かが発言するたびに、一部の保護者からは拍手も起こる、そんな異様な雰囲気の中で、「美南地区に建設される新中学校の学区について」の「市長キャラバン」は進行していった。

## 決定の一歩目を共有

「市長キャラバン」とは、私が市長に就任してすぐに作った制度で、「市の大きな課題について市民と話し合い、決定の一歩目を共有する」ことを目的に、市が主催し、市民であれば誰でも参加できる会合だ。

これまでに「第五次の総合振興計画について」や「国との協働による中川の改修」、「市民農園の再生改修」などをテーマに三七回開催し、のべ一，三〇七人の市民と意見交換を行ってきた。

中でも、市長選挙の時に私が五大テーマと位置づけた課題のうち、大きな予算が必要となる「新庁舎建設問題」「吉川美南駅東口開発問題」「新中学校建設問題」の三つの事業についての「市長キャラバン」は、新市長となった私へ期待感を持つ人々、逆に、私に対して懐疑的な目を持つ人々、そして何よりそれぞれの課題に意見、アイディアを持つ人々と、大勢の市民の参加があった。

そうした中、「新庁舎建設」においては、「東洋ゴムの免振装置の偽装問題」により、私が市長に就任する前に作成された設計図が白紙状態となっていたこともあり、もう一度ゼロから新庁舎建設を見直すことを宣言し、「市長キャラバン」における市民の声を出発点にしようと考えた。

そのため、「人口増加が望めない、北部や東部にこそ庁舎を建設して欲しい」

「駅前の商業施設と複合して庁舎を建設して欲しい」という場所への意見から、

「出来る限り事業費を低く抑えて欲しい。そのためには『市民交流センターおあしす』の横に建設し、市民要望があるレストランやギャラリースペースなどは、その『おあしす』を改修し、使用していない屋上庭園や中庭も活用出来るようにすべき」という庁舎内部の設計に至るまで、実に多くの意見が市民から寄せられた。

そして、そうした意見の一つひとつを精査しながら、市内の庁舎建設可能地や商業施設への視察、また、土浦市や木更津市、豊島区、富岡市、佐野市など、庁舎建設先行事例となる自治体への視察を重ね、さらに学識者からも意見を聞いた。また、雨の日の市内を見てまわり、内水被害も考慮しての建設を目指した。

その結果、「吉川市の真ん中に位置する」、「新たに土地を購入しなくて済む」、「耐震性に問題がある旧庁舎からスピード感を持って移転できる」、「水害にも強い地区」という点を踏まえて、

●「『おあしす』横に建設し、『おあしす』に足らないとされる会議室は新庁舎に多

く作り、市民に開放する」
●「新庁舎にと要望があったレストランやギャラリースペースなどは『おあしす』を改修して実現する」
という「庁舎と『おあしす』の一体的整備」の方向性を、市民からの意見を元に打ち出すことが出来た。

そして、市長就任前に予定されていた約五二億円という建設費を約一六億円削減し、約三六億円での建設に成功。また、就任から約三年というスピードで完成を迎えることが出来た。

これはまさに「市民と行政の共動」であり、事業や政策の決定の一歩目を市民と共有した事例となった。

早朝駅前・徒然日記

## 何年か越しの恋？

始発近く、いつもすごいダッシュで息を切らして駅に向かう 60 代くらいのお父さん。

「もう少し早く起きればいいのに……」

「１回くらいリーフレット受け取って欲しいなぁ……」

などと、ずっと思っていたのだけれど、今回、初めて普通に歩いて駅に向かう姿を（笑）。

「おはようございます！」と僕が言うと、

「あ、おはよう。いつもご苦労様。いつも受け取れなくてゴメンね。今日はいただきます」と、リーフレットを受け取ってくださいました。

何年越しかの恋が実ったようで、嬉しい瞬間でした（笑）。

お父さん、ありがとう！ これからも頑張ってください！ 僕も日々頑張ります！

そうした「市長キャラバン」の中で「新中学校建設」についても、多くの意見が出された。吉川市は、先人の尽力により、今後一〇年間、人口が増えるだろうと予想されている数少ない自治体の一つだが、ここまでも、新たに開発された吉川美南地区で約一〇，〇〇〇人もの人口増が実現し、子供達の数が一気に増加した。そして新たな中学校の建設が求められていた。

もっとも土地は公社ですでに取得していたので、問題はいつ建設するかに絞られていた。しかし、私が「出来る限り早期に建設する」と明言していたので、「市長キャラバン」でのテーマは、「将来的には地域に開放できる図書室にしよう」、「武道場は休日等に市民が音楽や演劇などにも開放できるようにしよう」

といった、地域住民による中学校利用といったものとなり、「市長キャラバン」は穏やかに終了した。

しかし、「新中学校建設」における問題はそこではなかった。新たに出来る学校にどの地域の子供達が通うかという「学区問題」により、地域が二分し、また、市民と行政も衝突するという大変な事態となったのだ。

＊　＊　＊

学区の決定は教育委員会の所管であり、その検討は、学識者や校長先生をはじめ、自治会長、ＰＴＡ会長、市議などで構成される学区審議会で行われる。そして人口の推移予想を踏まえ、市内中学校すべてを視野に入れて生徒数のバランスなどを考慮して決定する。今回もそうした検討の中で学区が決定したのだが、その線引きによって、新たに開発された吉川美南地区の一部の子供達が、新たに建設される中学校に行けないことが分かると、それに納得のいかない保護者が異を唱え始めたのだ。

市長である私のところにも連日抗議の手紙が届いた。学区審議会委員を罵倒するものから、決定にかかわっていない私への誹謗中傷もあった。内容も一方的で、行政を敵対視する傾向が強く、バランス感覚に欠けていた。

職員の中には私のことを慮って、「市長が出る案件ではないですから、担当に任せ静観しましょう」と言ってくれる者もいたけれど、私はそうは思わなかった。市長とは「まち」の全ての責任者であり、「まち」で何か問題が起これば、当然行動すべきと考えていた。また何よりも、新たに出来上がる中学校のスタートを市民みんなが気持ちよく応援してくれる中で迎えたかった。

そして、もうひとつ、私は、行政を一方的に敵視し罵るやり方や、選挙をちらつかせれば政治家は言うことを聞くものだろうというような市民の感覚を変えたかった。みんなが「まち」全体を見渡し、家族のように連帯することを私は望んでいた。

そのためには、「この学区問題をどのように解決するか」がとても重要であり、まさに市長案件だと私は考えていたのだ。

新たに吉川美南地区に住むようになった市民が自分事として、全体のまちづくりを考えるようになるか、それとも自分の事だけを考える市民になるかの大きな分かれ道になる、そう思った。

「私に投票したか、しないか、それは判断の基準じゃないなぁ」

私は笑いながら、しかしハッキリと言った。

「七〇，〇〇〇人を超える市民の代表として、正しいことかどうか、未来につながるかどうか、それが判断の基準です、私の」

そう言われた市民は、バツの悪そうな顔をしたけれど、続けて、私は答えてゆく。

「同じ小学校の子がみんな同じ中学校に行かなければならないのかな？　現に他の小学校では東中学校と中央中学校に分かれて進学しているし。新たな友人との出会いや、新たな環境で生活してゆくということを繰り返してゆくのが人生だから。それを周りの人間が支えてあげる中で成長してゆくというのが中学生のあるべき姿じゃないかな？」

「新しい地区の子供だけが新しい中学校に行けばいいというのも乱暴な意見だよね？　新しい中学校や周辺の土地は、けやき通りの向こう側の地区のおじいちゃんやおばあちゃん達が所有者さんだったりもして、孫達がいつか新しい中学校に行けるのを楽しみにしながら協力してくれたという人達もいるんだよ？」

そして最後は苦笑いで付け加えた。

「自転車で一〇分か……。さっき、お話しした通り、東部や北部では、小学生の小さな子がランドセルを背負って、一時間近くかけて歩いて登校しているし、学区の線引きによっては、遠い方の学校に行くことになる子も当然います。生徒数が極端に減っては、活動出来なくなる部活も出てくるだろうし、生徒数のバランスや地域性、人口の推移予想も踏まえて、学区審議会委員さん達が判断をしたんです」

当日のやりとりをまとめるとこんな感じだった。

そう、市長キャラバンの時はいつも真剣勝負だ。

耳の痛い意見も最後まで聞き、言いづらいこともハッ

新中学校建設地に

キリと言わなければならない。一時しのぎの虚勢やごまかしは絶対にしない。それらは、いずれ混乱を招き、結果「まちづくり」を遅らせる。トコトン最後まで、意見交換や議論をやり切ることが大事で、毎回、時間制限無しという覚悟で臨んでいる。

そうした中で出てくる意見は様々だ。

- 「政策」に賛成で、足りない部分を補う意見
- 根本の理念には賛成だが、その「政策」とは別の「政策」で進めるべきだという意見。
- もともとの理念に反対であり、当然「政策」にもNOという意見。

意見は千差万別で、丁寧にやればやるほどカオスになってゆく。

しかし、そうした経過をたどっていくと最終的には、「問題になっている案件」から徐々に無駄なものがそぎ落とされ、本質が見えてくる。それを掴んだうえで、数多ある「意見・政策」の中から、一つを選択する。未来に向けた決断をする。それが、市長としての責任と覚悟だ。

「市長キャラバン」とは私にとってそういうものだ。

＊　＊　＊

「不動産屋から、近くに小学校も中学校も出来るよと聞いたから、数千万円というお金を払って家を購入し、期待して吉川市に引っ越ししてきたのにひどい！」

いきりたった発言の数々を聞きながら、なんとも言え

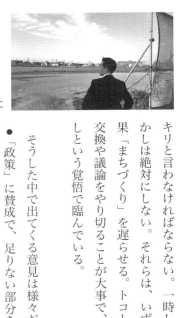

ない気持ちになっていると、

それまで黙って聞いていた自治会長が手を挙げ発言した。

「さっきから君たちはずっと市に対して文句か要望を繰り返しているけれど、昨日の美化運動に誰も来なかったじゃないか。言いたいことばかり言うのではなくて、自分達の街を自分達で作るという気持ちを持たなければダメなんじゃないか？」

優しい口調だったけれど、その奥に強い思いが感じられる話し方に、私も「えっ？」と、思わず顔を上げて、会長を見つめた。

そこから保護者の雰囲気が変わった。

それまでの「自分、自分の子」という視点だけの発言から、「学校、地区、市」という視点でこの「学区問題」について発言する保護者が出てきたのだ。

そこからもかなり時間をかけて意見交換した。

さらに別の日に、地区ごとの意見交換会として「どこでも市長」も開催し、丁寧に意見を聞き、こちらの考えを伝えた。

そうしてこの「学区問題」は最後、学区審議会の決定と保護者の思いの両者を尊重し、「兄弟配慮なども含めた時限措置での進学を可とする」という形で結論を出し、一切の反論も無く、総意を持って収束した。

これに安堵した職員は多く、それまで数カ月に及ぶ重い雰囲気から解放された喜びがあった。

私も安堵し、嬉しかったが、それは「学区問題の解決」

2020年度開校予定の「吉川中学校」

に対してではなく、新たに吉川市に住むようになった市民が「自分達の街」「自分達が街をつくる」という意識の一歩目をこの「市長キャラバン」で持ってくれたと感じられたからだ。

それはまさに「決定の一歩目を市民と共有する」ということ「市長キャラバン」の真の目的が達成されたということだった。

もっとも、あの時、自治会長があの発言をしてくれなければ、どうなっていたかは分からず、会長には感謝しかないが、あの「市長キャラバン」以来、自治会長を中心に地区では市民の積極的な参加による「まちづくり」が展開しており、市との共動が深まった。

私はこれからもそうした「市民と行政の共動」による「まちづくり」をまっすぐに進めてゆくことで、あの時の自治会長の発言に恩返しをしていかなければと思っている。

## 「市民交流センターおあしす」の改修について

市長就任以来、約三年かけて、「市長キャラバン」「どこでも市長」「全戸配布アンケート」などにより、市民の声をまとめ、「荒川区・ゆいの森あらかわ」などの類似施設に視察にも向かい、さらに、専門家を招いての検討も重ねてきた「おあしすの改修」。

その基本的内容は、

●新庁舎建設に際し市民から要望のあった「食堂」や「ギャラリースペース・交流スペース」などは隣接する「おあしす」の使用されていないスペースなどを改修、有効活用することで実現する。

●「おあしす」に足りないといわれた会議室は、新庁舎の中に会議室を多く作り、それを市民に開放することで充足させる。

●そうすることにより「新庁舎をコンパクトに建設」する。

というもので、前述の、「市長キャラバン」等において、「新庁舎建設とおあしすの一体的整備」として市民から出されたアイディアでした。

二〇一七年の九月議会では、設計など約九五〇万の委託事業が可決され、事業は進んでいました。

しかし、二〇一八年の三月議会において、「おあしす改修事業費」は認められず、改修事業は突然の中止となりました。

改修に反対した議員の考えはそれぞれあるでしょうから、ここでは記しませんが、二〇一八年の九月議会における、私の発言の要旨をここにまとめておきます。

――この「新庁舎建設とおあしすの一体整備」の事業は、市民の皆さまのご意見に着想を得て取り組んできたものですので、これまでの進め方に瑕疵があったとは私は考えておりません。しかし、市議会での決定を重く受け止め、事業は凍結としました。

そうした中、市民の皆様にこれまでの経緯をしっかりと説明する責任を果たすために、また、改めて「おあしす」の改修の是非を含め、ご意見を幅広くいただくために、「市長キャラバン」を八月二四日～二六日（二〇一八年）の三日間開催し、のべ一一三名の市民の皆様と約七時間に渡り意見交換を行いました。

これまで、多くの市民が「未来に向けたおあしすの改修」を望んでいたわけですし、今回の「市長キャラバン」においても、「防災」、「市のＰＲ」、「女性の活躍、多様な働き方の支援」といった、さらに新しい視点からの「改修」に向けた意見が多数あり、現在も「改修」は望まれていると感じています。

「今後の展開」については、今回の市長キャラバンでいただいたご意見、また、三年前から積み重ねてきた市民の皆さまからのご意見と全戸配布アンケート結果もゼロにすることなく、合わせて十二分に検討させていただき、もう一度「おあしすの改修」がどうあるべきか、どう進めてゆくべきかをじっくりと考察し、改めてご提案させていただければと考えております――。

■市民の皆さんと長い時間をかけ検討してきた「おあしすの改修」が議会によりストップとなったことは残念ですが、今回の「市長キャラバン」において、改めて、「改修」に向けた市民の皆さんの熱い思いを伺うことが出来ました。こうした状況をプラスに変え、次世代に「価値ある「おあしす」を残せるよう力を尽くしたいと思います。

## 【公約3】吉川美南駅東口開発いよいよスタート！

昭和の終わりから長きに渡って案件となっていた「吉川美南駅東口の開発」問題。市長就任後すぐに地区懇談会や地権者説明会を開催し、新たに打ち出したコンセプトを説明してきました。

その結果、地権者の同意率は八五%から九一%まで上がり、難しかった国との協議も職員が一丸となり対応し、最終協議がまとまり、二〇一七年の年末からようやく開発がスタートしました。ここから一〇年かけ、約四、四〇〇人の人口増を想定した計画となっていますが、開発コンセプトは「吉川市民みんなが集える庭のようなまちづくり」です。

これは、

「新たに住むことになる市民のためだけでなく、今住んでいる市民も活用できる場所にしよう」

「三郷市や越谷市の大規模商業施設とは違ったものを駅近くに作り上げよう」

という考えからはじまり、

●駅前には芸術文化の拠点を！

●駅近くには防災面も考慮した大きな公園を！

●産業ゾーンには小中学生や家族連れが見学出来るような工場を！

●街路に面しては、お花屋さんやカフェなどのお店が並ぶように！

●調整池は底面利用し運動場を！

という計画の下、現在は企業誘致活動、道路などの基盤整備工事を進めています。

## 【公約4】フロリデーション推進阻止！

虫歯予防という名のもとに、市民全員が否応無しにフッ化物が添加された水道水を飲まされることになるフロリデーション政策。私は市長就任後、直ちに、「フロリデーション政策に関わる予算の廃止」を実行に移しました。

しかし、二〇一五年六月議会において、「保健センターのフロリデーション給水器を撤去したのは何故か？ フロリデーション水を飲みたい人の選択の自由を奪うことになるのでは？」などの質問が、自民党の議員からなされました。

さらに二〇一五年一〇月に中央公民館で開催された吉川松伏医師会・吉川歯科医師会等が主催した市民フォーラムが「フロリデーション推進」と受け取れるような内容であり、多くの市民の皆さんから「市が共催しているのに何故だ！」という抗議の声が届きました。

事前に「講演内容にはフロリデーション推進を含めない」と医師会から話があったため共催を承諾したのですが、それを反故にした医師会、歯科医師会に遺憾の意を伝えました。

まだまだフロリデーション政策を推進したい団体や人々が、様々な運動を展開していますが、今後も私が市長である間は、市として「フロリデーション推進事業」は行いません。

## 【公約5】ワクチン接種問題と学校医・介護認定医大量辞任問題

「医師会の内部分裂」からはじまったワクチン接種問題。

私は市長として、そのどちらに加担することもなく、「市民が不便を強いられてきた状況を改善する」

という方向で、「医師会に属していようが、属していまいが」、手を挙げていただいた医療機関でのワクチン接種を可能としました。

その結果、接種件数が全体で約一一，五〇〇件のうち、医師会に属していない医療機関での接種は約二，六〇〇件（二〇一六年）。それだけ市民が望んでいたということです。

しかし二〇一五年六月議会において、この件が、医師会の反発を買い、学校医や介護認定医の大量辞任につながったのではないかという認識のもと、自民党の議員は、「災いをもたらすものを助長してしまった」と発言をしました。

これらは「市民の側に立った発言」とは私は思えません。実際にその議員の発言に他の議員から異議が唱えられ、議会が中断される事態にもなりました。

私は市長として、市民の健康福祉のための政策を展開しているのであり、医師会との対立を望んでいるわけではありません。医師会には市の政策、市民の願いをご理解いただけるように、これまで通りしっかりとお伝えしてゆきたいと考えています。

**早朝駅前・徒然日記**

## 人の子の成長には驚かされる

朝、駅で会うと挨拶をしてくれる私立の小学校に通っている子が何人かいる。

その子を最初に見たのは１年生になりたての頃。

身体より大きなランドセルを背負って毎朝ペコっと挨拶してくれて……

その後も朝駅に立つたびに、「どんどん大きくなるなぁ」、なんて思いながら見ていたのだけど、

今回久しぶりに会ったら、なんだかとても大きくなった気がして、すれ違いざまに思わず「大きくなったね！」と言ったら、

ニニリと笑って、「おはようございます！ もう６年生です！」と。

うん、良い子に育ってる！（笑）
これからも君達の成長を楽しみにしながら、
駅に立つね！ 頑張れ！

column

## 毎日、歩くということ

毎朝、できる限り市役所まで歩いて向かっています。家を出る時間や道を変えたりしながら20分ちょっと。散歩中のおばあちゃんと話したり、通学班の子供達とハイタッチをしたり、道路や公園の状況、また雨水の流れを確認したりしながら歩くこのひとときは、街を肌で感じる大事な時間となっています。

もちろん、身体のことも考えています。日々の仕事では座っている時間が長いので、こうして歩いたり、立って決裁するなどの工夫をしているのです。

そうした中、吉川市では、市民の健康寿命の延伸を図る「毎日1万歩運動」を県との連携で実施し、今年で3年目を迎えました。事前に身体検査を行い、万歩計を携帯して歩くというこの事業に、これまで約500人の方が参加してくださり、みんなで公園に出掛けウォーキングを楽しんだり、ウォーキングマップを作成したりと幅広い活動が展開されています。

上田清司埼玉県知事は「毎日1万歩運動により、1人につき年間約24,000円の医療費抑制効果があると学会で発表されている」と述べ、この事業に大変力を入れています。先日（2017年8月2日）、知事公館にて「健康長寿優秀市町村表彰式」が開催され、我が吉川市は知事から優秀賞をいただきました。

「継続は力なり」。今後もウォーキングの輪を広げてゆくとともに、さまざまな切り口で「健康長寿事業」を展開してゆきますので、皆さん、ぜひご参加ください。

（2017年10月1日）

column

# 庁舎と共に

## ◇ありがとう旧庁舎

二〇一八年五月二日、時折パラパラと涙雨が落ちる中、市民の皆さんと職員に見送られ、約五〇年に渡るその歴史に幕を下ろした旧庁舎。

私にとっても、就任一年目は、関東東北豪雨による「吉川市初の避難勧告」発令時に徹夜で災害対応にあたった場所として、また二年目、三年目は「市制施行二〇周年」の慶事を迎えた場所として、思い出深い庁舎でした。

「さよなら庁舎イベント」では、なまりんパネルとの写真撮影や市長室の一般開放に多くの方が訪れてくださり、最後まで「市民と共にある庁舎」として、街をつくり、街を守ってくれました。これまで本当にお疲れ様でした。ありがとうございました。新しい市役所においても、吉川市民の幸福実感の向上に向け、職員と共に邁進することを誓います。

## ◇新庁舎完成

二〇一八年四月七日竣工式・内覧会。午前の部は建設関係者や近隣首長の皆さん、午後からの部は市民の皆さんに、シンプルで開放的、フレキシブルで機能的な新庁舎内を見学いただきました。

特に午後の部には予想を超え、一，〇〇〇名を超える市民の皆さんにお越しいただき、かなりお待たせすることとなり、申し訳ないと思うと同時に、関心を持っていただけたことがとても嬉しく……。内覧会終了までの二時間超、入り口にて皆さんにご挨拶をさせていただきました。

取材にきてくださった記者さん達からは「市役所の内覧会にこんなに市民が来るのを見たことないよ。若い家族もたくさんいるし、すごいね！」と。

また市民の皆さんからは「市長キャラバンで自分も庁舎建設に意見を述べた一人だから、とても関心を持って庁舎完成を待っていたんだよ」との言葉もいただきました。

これまで、「市長キャラバン」「どこでも市長」「市長とランチミーティング」「市民シンクタンク」等で皆さんと意見交換を積み重ねてきたことが、こうした新庁舎完成や内覧会参加者数という目に見える形となり、吉川市の市民力の素晴らしさをとても誇らしく感じました。

入り口では、何人もの方々が「市長！完成おめでとう！」と声をかけてくださいましたが、逆です……。

私こそ、皆さんの力で成し遂げた「庁舎完成」に、「皆さんおめでとう！」と、心からの祝福をお伝えすると同時に、この新庁舎が「市民と行政の共動」の新たな拠点となるよう、職員と共にさらに邁進してゆくことをお誓いします。

「価値ある未来」を目指し、共に進みましょうね！

# 第9章　避難勧告の発令 ──「減災」と「自助」の理念での災害対策

「市長、そろそろ戻りましょう。暗くて危ないですし、次の災害対策会議の時間になります」

「もう一ヵ所だけ、南側の交差点も確認してから戻ろう。確か職員が配置されていたよね？」

膝あたりまで冠水しているプールのような道路を、バシャバシャと歩きながら、角を曲がると、暗闇の向こうに赤色灯を持っている職員の姿が見えた。

「大丈夫？　何も問題ない？」

近づいて、頭のフードを外しながらそう聞くと、

「えっ？　市長？」

職員がビックリした顔をして答える。

「えっええ……。さすがにこの雨でこの時間だと誰も通りません」

真夜中、冠水した道路に車が進入しないように警備している職員も疲れた顔をしている。

「くれぐれも気をつけてね」

そう伝え、私は秘書とまたバシャバシャと水をかき分けるように来た道を戻った。

＊　＊　＊

「避難勧告を発令する」

私のその一言で、改めて会議室全体に緊張が走った。私も職員も、前日から一睡もしていなかったけれど、緊張感からまったく眠気はなかった。

そして、二〇一五年九月一〇日午前四時二〇分。本吉川五区、上河岸、下河岸、下町の四地区、六三九世帯一，四五二人に対して、吉川市史上初となる「避難勧告」が発令された。

前日から降り続いた雨の総雨量は三〇〇㎜に迫り、中川の水位もあと三〇㎝で堤防を越えてしまうところまで来ていた。

市内数ヵ所で大きく冠水
(2015年9月10日)

市内も数ヵ所大きく冠水し、その現場を全て回ろうと、災害対策会議の合間をぬって、秘書と共に夜のまちに出たのだった。

幸いに吉川市では人的被害はなかったが、この「関東・東北豪雨」による鬼怒川決壊で、常総市などは大きな被害を受けた。

そして、二年後の二〇一七年一〇月二三日午前五時一〇分にも「台風二一号」により、「避難準備」を発令することとなった。前日は衆議院選挙の投票であり、選挙事務と災害対応が重なり、職員の確保や疲労への考慮など困難な対応を迫られた。

「吉川市のすぐそばまで災害が来ている」と、否応なしに感じさせられた市長就任一期目の四年間だった。

＊　＊　＊

一九九五年の「阪神・淡路大震災」時、学生だった私は、仲間と共に神戸へ入り、ボランティア活動を行った。目の前に広がる現実とは思えない光景に驚きながら、高齢者への支援を続け、コミュニティFMなどの地域活動の有益さも肌で感じた。

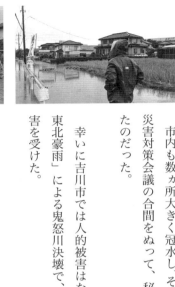

二〇一一年の「東日本大震災」時は県議会議員として、被災地に入り、議員としても、個人としても様々な支援活動に従事した。

そうした活動が私の災害対策の原点となっているのだが、市長となってからも様々な被災地を訪ね、首長や学識者から「災害対応」についての意見を聞いて回った。

東日本大震災時、釜石市内の小中学生のほぼ全員となる約三，〇〇〇人が津波から無事に避難出来た「釜石の奇跡」。子供達への「災害対策教育」の積み重ねによりそうした結果を導いた東京大学大学院の片田敏孝先生は、

「ハザードマップを超える津波にも対応できるように子供達を教育してきた。想定外の災害が起こる今だからこそ行政任せではなく、自己災害対応力こそが必要だ」

と熱く述べられた。

また、二度の大水害に遭った新潟県三条市の國定勇人市長は、

「大雨時に防災無線の内容が全て聞こえるようにするのは無理。行政は防災無線以外にも広報車、テレビ、ラジオやホームページなどさまざまな手段で情報を発信すべき。しかし、最も大切なのは市民が自ら情報を得ようとする意識の高さだ」

とハッキリと指摘され、

さらに、熊本地震で被災した熊本県宇土市の元松茂樹市長らとの意見交換会では、

「自宅の耐震化や家具の固定、そして三日分の水・食料の備蓄、これらだけで命を守れる確率が格段に上がる。重要なのは一人ひとりの日頃の準備だ」

との意見が出された。

また、鬼怒川決壊で大きな被害があり、吉川市からもすぐに支援職員を派遣した常総市の高杉徹市長（当時）は、

「台風21号」時の吉川市
（2017年10月23日）

「市民一人ひとりが災害に対して準備をしていなければ、被害を最小に抑えることはできない。市民の命を守ることも行政だけでは限界がある。自分だけは大丈夫と思っている考えを改めないとならない」

とお話しされていた。

このように、実際に被災した方々に共通する思いは、

「行政は災害時、一人ひとりの市民を助けてまわることはできない。その現実をしっかりと市民に伝え、市民が自らの命を自ら守る（＝自助）意識を高めることが重要だ」

ということであり、

「自然災害は人知を超えたものであり、全てを防げるものではなく、謙虚に、少しでも減らす（＝減災）という意識を持つべきだ」ということだった。

そうした中、吉川市では、二〇一七年を「減災元年」と位置付け、「自助」の意識の向上を基本とする様々な「災害対応政策」を展開しはじめた。

Point

# 減災への取り組み

## 災害への対応体制の構築

### 1 市役所における危機管理体制の強化

● 新たに「危機管理課」を設置
● 「元自衛官」の採用─東日本大震災や熊本地震で現地に入り、自治体と協働で災害対策にあたった経験を持つ者を採用
● 「埼玉県危機管理防災部」へ若手職員を派遣
● 市長不在時の職務代行者順位を「副市長↓教育長↓市民生活部長」から、「副市長↓市民生活部長（危機管理課）↓政策室長」に変更し、「教育長は子供達や学校への対応にあたる」ことに

### 2 消防組合人事の改革

● 「吉川松伏消防組合」の現場トップである「消防長」を、市役所の職員としていた慣例を廃止し、現場から叩き上げの職員を任命
● 「消防組合」と市の「危機管理課」との間で若手職員の人事交流

### 3 国、県、民間との連携強化

● 国─「陸上自衛隊三二普通科連隊」（災害時に吉川市支援担当）
● 県─埼玉県防災航空隊、埼玉県警等民間─建設業協会、エネルギー企業、青年会議所等
● 公的機関や災害協定を結ぶ各種団体と実演訓練を通して連携を強化

## インフラ整備など

### 1 情報発信の多様化

● 防災行政無線のデジタル化
● 防災行政無線を聞き逃した方への電話応答サービス導入
● テレビ埼玉のデータ放送活用
● メール、ツイッターなどによる防災情報発信

### 2 内水被害軽減事業

● 須加、榎戸地区─「排水路整備」と「排水ポンプ設置」
● 吉川駅北口周辺地区─木売り落としの「二層化工事」推進

### 3 その他

● 福祉避難所の実践的運営訓練
● 吉川中学校への耐震性貯水槽の整備
● 地区ごとの減災計画策定支援
● 要支援者への支援体制の整備

## 減災プロジェクト

「市民一人ひとりの『自助』の意識の向上」を目的に、これまでのような、「行政主導の訓練」ではなく、東日本大震災や熊本地震の教訓を踏まえた「市民参加型の訓練」をすべきと考え、「出来る限り現実に近い状況」「災害発生時に実際に取り組むべき内容」とした「減災プロジェクト」をスタート。

**1「第一回減災プロジェクト」**

二〇一七年二月一九日（日）

新たに吉川市に住み始めた市民が多い地域である美南小学校を会場とし、大規模な地震を想定し開催。

そうした市民への啓発というテーマを持ち、「シェイクアウト訓練」や「避難所開設運営訓練」を行うと同時に、陸上自衛隊と消防署が合同で行う「倒壊建物救出救助訓練」や埼玉県防災航空隊のヘリコプターによる「高所救助訓練」など、実践に近い訓練を展開。また、建設業協会、青年会議所などの災害協定を結ぶ各種団体と連携しての実演訓練も行った。

**2「第二回減災プロジェクト」**

二〇一七年一一月五日（日）

「避難準備」「避難勧告」と、これまでに二回の避難情報が発令された地区の避難場所である吉川小学校を会場とし、

中川決壊による水害を想定し開催。

地域住民主導の「参加型訓練」を基本とし、「避難所開設」「ボランティアセンター開設」「外国人避難対応」などを展開。

さらに、陸上自衛隊、埼玉県防災航空隊、吉川松伏消防組合や様々な民間事業者も含めての合同訓練を行った。

**3「第三回減災プロジェクト」**

二〇一八年一一月四日（日）

調整区域であることから、避難行動が多岐に渡ることが予想される三輪野江小学校を会場とし、大規模な地震を想定し開催。

地域住民主導の「参加型訓練」を基本とし、「自治会館への避難」や「家庭への支援物資配送」、また「福祉避難所開設訓練」等を地元中学生も実働する形で展開。また、陸上自衛隊、埼玉県防災航空隊、吉川松伏消防組合をはじめ、災害協定を結ぶ各種団体と合同訓練を行った。

自衛隊・消防組合による救助訓練（左）
参加者の皆さんと（右）

＊　＊　＊

しかし、前述の「減災プロジェクト」が終了するたびに毎回、

「寒い中、長く待たされた。何でこんな寒い季節に訓練やるのよ！」

「次に何やるかとか、段取りの説明が市の職員からあまりないからイライラする！」

「移動の通路を市の職員が案内してくれなくて不親切！」

「避難所の設営やトイレの設置は市の職員がやるべきだ！」

というご意見が私のところへ寄せられます。

けれど、それらには応えられません。

現実に災害が起これば、こんなものではありません。真冬でも、夜中でも災害はやってきます。物資や水の配給には長蛇の列が出来ます。災害が起これば、職員も被災し、充分な人数確保が難しくなります。

それが現実です。

ですからやはり、災害時の避難所運営等は、地域の方々がリーダーとなり、どんな時でも、自主的に、秩序を持って、きめ細やかに担えるよう訓練を重ねなければならないのです。

そのために、「減災プロジェクト」は、「なるべく現実に近い形にし、職員も指示を控え、市民の自主的訓練となるような」設定になっているのです。

また、そうした「共助」の前提となるのが、「自分の命は自分で守る」という「自助」の意識です。

「家の耐震化」や「家具の固定」（これらは市の補助金制度があります）、そして「三日分の水と食料の確保」これだけでも生存率が飛躍的に高まります。

そうした準備や、いざという時の行動を家族内で決めておくことこそが、一番大事な災害対策であり、その啓発も「減災プロジェクト」の重要なテーマとなっています。

現実的かつ実践的な「危機管理体制・人事の構築」や「減災プロジェクト」などの展開と同時に、災害に強いまちづくりの一翼を担える人材の育成も図っています。

## 減災教育

子供達が災害時における危険を認識し、自らの安全を確保する行動が出来るようになるために、災害図上訓練（DIG）を市内すべての小学校で開催。

大きな地図をみんなで囲み、地震や水害をイメージしながら地域の課題を発見し、災害対応や事前の対策などを検討する「DIG」。子供達はグループになって協力し、普段遊んでいる場所や通学路に潜む危険箇所などを考え、「自助や共助」について学びますが、その学びは、帰宅後に家族と災害について話し合うきっかけともなります。

また、市内すべての中学校では、市の職員及び自主防災組織の方が講師となり、避難所等で使用する資機材の組み立てや起動訓練を行う「減災教育」を開催しています。

こうした「減災教育」を通して、次代を担う子供達の「災害対応力の向上」にも力を入れています。

## 減災講演

**●東京大学大学院・片田敏孝先生の講演「災害にも強い地域のあり方を考える」**

東日本大震災において、釜石市内の小中学生のほぼ全員となる約三、〇〇〇人が津波から無事に避難することが出来た「釜石の奇跡」。それを導いたのは、二〇〇三年から小中学校での災害対応教育を一貫して行ってきた片田先生でした。その片田先生のお話しを伺ったことが、現在の吉川市での「自助意識の向上」「減災プロジェクトの実施」「減災教育の

減災教育　中学校では避難所設営訓練・小学校では災害図上訓練

開始」等の災害対策の原点になっています。

**●宮城学院女子大学大学院・浅野富美枝先生の講演「災害につよい吉川をつくる」**

災害時における、「女性視点のニーズに応える重要性」や、「未来への減災の担い手確保にもつながる、若者のニーズの尊重」というお話しに、参加された皆さんも頷きながら真剣にメモをとっていました。

**●前常総市長・高杉徹氏の講演「水害に学ぶ、鬼怒川決壊時における行政の対応」**

未曾有の水害で混乱を極めた中、陣頭指揮を執られた高杉氏のお話しは、水害前の対策、水害時の対応、そして水害後に起きる様々な案件、と、私達行政にとって、非常に有意義な内容でした。私が市長になる前から、高杉氏とは親しくさせていただいており、ご指導いただいていましたが、職員や自治会、消防団、防災リーダーの皆さんと共に、改めて、高杉氏から直接災害対策を学ばせていただいたことは吉川市にとって大きな財産となりました。

**●小千谷市元助役・佐藤知巳氏の講演「災害から大切な人と地域をまもる」**

新潟県中越大地震時に、助役（副市長）として災害対応に奔走し、現在は「NPO法人防災サポートおぢや」の理事長として、地元はもちろん、全国の災害対応力向上に取り組まれている佐藤氏。昨年（二〇一七年）に小千谷市の「おぢや震災ミュージアム・そなえ館」を視察させていただき、佐藤氏から中越大地震当時の対応や、いま取り組むべき事項について伺いましたが、今回の講演でも「住宅耐震化や、食料、水、笛などの日頃の準備、つまり自助がもっとも大切」という佐藤氏のお話しを、自治会長をはじめとする地域の役員の方々や民生委員の皆さんなど、多くの方々と共有でき、非常に有意義な時間となりました。

**●「吉川市減災セミナー」**
**〜水防災意識社会の構築に向けて〜**

国土交通省江戸川河川事務所の佐々木智之副所長からは「高まる水害リスクに社会全体で備える」について、また、気象予報士・防災士であり、NHK「首都圏ネットワーク」や「首都圏ニュース845」にて気象解説を行なっている関口奈美さんからは「水害から命を守る・マイタイムラインの作成」についてお話しいただきました。

「減災講演」における、こうした「現場からの生の声」こそが、市民の心に直接届き、「自助の意識の向上」や「災害に強いまちづくりを担う人材育成」につながると考えています。

column

# 消防団と少年消防クラブ

皆さんは「消防団」「少年消防クラブ」をご存じですか？「消防団」とは、それぞれの地区で有志の市民の方々が組織する消防・水防のチームで、自分の住む地区に火災や大雨などがあるとすぐに参集し、夜を徹してでも災害対策活動を行っています。現在、吉川市を13地区に分け、316名(女性団員13名)の市民が団員として活動してくださっています。定期的な日常訓練に加え、夏には訓練成果を披露し技術を競う「技術競技会」もあり、今年の最高位は「第７分団」の２位でした。

「少年消防クラブ」は、小学５年生から高校生まででで構成され、将来の地域防災の担い手として、災害についての学習やポンプ操法・ロープ登はんの体験をする中で、生命と暮らしを守る大切さを学びます。現在、吉川市では小学５年生 11 名、6 年生 15 名、中学生 10 名の子供達がクラブ員として頑張っています。2018 年の夏に参加した、日頃の訓練成果を競う「全国大会 in 浦安」では、56 チーム中、見事５位に入賞しました。

「消防団」「少年消防クラブ」のこうした活動や成果は、なかなか皆さんに知られるところとなりませんが、「消防団」は地区のお祭りや体育祭などで警備を担ってくださっており、その姿をどこかで皆さんも目にしているはずです。そして、火災への注意が特に必要となる年末年始には、特別警戒のパトロールも行ってくださっています。

そうした「消防団」「少年消防クラブ」は毎年、年頭の出初式でその雄姿を披露します。今回は場所を新庁舎前の駐車場に移し、平成 31 年１月 13 日（日）午前９時 30 分より開式です。ぜひ、皆さんに応援していただき、活動の仲間になっていただければと思います。

(2018 年 12 月 1 日)

## 教育大綱に向けたメッセージ

いま君を包む、家族、仲間、街、自然、時間・・・

そうしたものを大切にすることから
全てがはじまる。

それは、自分を大切にすることにつながり
そしてその中で、
「自分の為」だけではなく
「誰かの為に」、
「社会の為に」という志が立ち上がってくる。

常にこのメッセージを胸に、
真っ直ぐに未来を切り拓いて欲しい。

—吉川市教育大綱—

家族を 郷土を愛し、
志を立て、
凛として生きてゆく

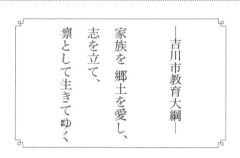

吉川市では二〇一七年の春に、市の教育理念である「教育大綱」を策定しました。

他の自治体では、生涯教育や家庭教育なども含めた厚い冊子型の「教育大綱」を策定しているところもありますが、吉川市ではそうした総合的施策は毎年「吉川市教育重要施策」として発表しているので、「教育大綱」はシンプルに一文とし、その下にメッセージを添付し、子供達、保護者、地域に伝わりやすいものとしました。

この「教育大綱」の策定に向けて、多くの教育者からお話しを伺ったのはもちろんですが、

それ以上に、全国や世界を相手に活躍している中小企業のトップの方々に

「ご自身がこれまでに大事にしてきた理念」や

「これからの子供達が未来に進む為に必要と思われる能力」について伺いました。

そこで大きく共通していたのが、

「家族や仲間の支えがあったからこそ」

「生まれた街や今仕事をしている街への想い」

「人や社会の為になりたい」という思いと、

「チャレンジ精神と諦めない気持ち」

「他者への思いやりと協調性」

「コミュニケーションとプレゼン能力」が大事だという考え方でした。

そうしたお話しを踏まえて、教育委員の皆さんと検討を重ね、一年半以上の時間をかけ、「教育大綱」を策定しました。

人を大切にし、自分を大事にし、地域を思うことの重要性からはじまるこの「教育大綱」。

その一番のポイントは「志」という言葉です。

「志」を説明するとき、私は「夢」という言葉との違いで説明をしています。

例えば、

「大会社の社長になりたい」

「有名な歌手になりたい」

という思いを「夢」とは言いますが、「志」とは言いません。

一方、

「困っている人のために、○○を作りたい。そのために会社の社長となる」

「自分の歌声で、人々を勇気づけたい、幸せにしたい」

という形で表され、その目的が、誰かのために、社会や未来のために向かっている思いは「志」と表現されます。

一時期ブームとなり、その後定着した「キャリア教育」という言葉。

単なる職業体験や、大手企業への就職を目指す教育だと誤解されていることが多いのですが、「キャリア教育」の本質は「志」を持つことです。「何のために勉強するのか？」、「何のために生きるのか？」という問いへの答えとして、「他者との共生」、そして「社会や未来への貢献」という、強い思いを持つことなのです。

そうした意味では、「キャリア教育の原点を明示したもの」が、この吉川市の「教育大綱」であると言えます。

＊　＊　＊

この「志」の話しを、中学校の卒業式や大学生への特別授業などで私がお話しすると、生徒達から手紙やメールが届くほど反響があります。また保護者や先生方からも「もっと詳しく聞きたい」と連絡がきます。

未来に向け、社会の中で他者との共生を目指すことは当然なことです。ある日突然に「人や社会」に愛や貢献の気持ちを持つ大人となるわけではありません。学力、体力、そして心を育む教育があってはじめて、子供は大人になるのです。

「荒れる成人式」などはまだ分かりやすいものです。それよりも暗く深い子供達の様々な問題や事件、そして教師の不祥事や政治家をはじめとする社会的リーダー役であるべき人々の体たらく、それらの一因はこの「志の欠如」にあります。

ソフトバンクグループの創業者である「孫正義」氏は

「夢は漠然とした個人の願望であり、志は個々人の願望を超えて多くの人々の夢を叶えようとする気概だ。夢は快い願望だが、志は厳しい未来への挑戦だ」

という内容のことを述べています。

またアシックスの創業者「鬼塚喜八郎」氏も、

志とは「動機は善なるや、私心なかりしか」ということ。「人のためや世の中のために役に立ちたい」が仕事をする動機かどうか。金儲けが動機だったり、自分の私利私欲だけが動機だったら、そんなものは「志」でも何でもない。人のため社会のために事業を興すから、人々も応援し、社会もあなたを成功させるのだ。また「志」を持った人は、土壇場に強い。困難にブチあたっても倒れない。

という内容のことを述べています。

こうした「志」を、吉川市の子供達が立てられるように、吉川市独自のプログラムを作り上げたいと考えています。しかしそれは、画一的な子供達を育てるものではなく、「人や社会」に愛情と責任感を持ち、自らの力を最大限に活かして生きてゆけるようになる為の道しるべとなるものです。

「志教育」は、

地域の絆をつくる人材を生み出します。
世界の平和を構築する人材を生み出します。

高齢化社会への対応や地域産業の振興、
人口流出問題、環境問題などへの取り組みは、
まさにこの「志教育」からはじまるのです。

# 吉川市の教育施策

## 非認知能力

吉川市の教育施策は「教育大綱」を策定して終わり、ではありません。

「吉川市教育大綱」の下では、

保護者をはじめ、地域の大人達は自らの背中で「志」を示し、凛として生きてゆく姿勢を見せなければなりません。

そして子供達は「志」を立てた後、それを実現するために頑張らなければなりません。

そのために、吉川市の教育現場での目標は「学力・体力の向上」に加えて「非認知能力の向上」を目指すこととしました。

「非認知能力」とは例えば、「好奇心や創造性」、「自分の考えをまとめ、伝える力」などです。これらはどれも数字では測れない能力ですが、社会で働き、未来に羽ばたくためには重要な力となることは様々な研究で明らかにされています。

吉川市では、そうした能力の中でも、「自制心」「やり抜く力」「協調性」の三つの「非認知能力」を高めることを主として、

**①旭小学校へのICT教育導入（※1）**
**②三輪野江小学校での「放課後子ども教室」設置（※2）**
**③関公園の改修にASEの導入（※3）**

を進めています。

こうした特徴ある授業の導入を、児童数減少への中長期的対策のひとつと捉え、各学年が一クラスしかない旭小学校、三輪野江小学校をモデル校としました。今後も、下校時の通学路の安全確保、他校との交流など、様々な視点での施策を取り入れ、少人数学校の教育環境をサポートしてゆきたいと考えています。

※1「ICT教育」
タブレット等を使用した授業。算数ドリルなどのアプリを利用した「学力の向上」以外にも、体育の授業で自分の走るフォームを撮影確認し「体力の向上」を図ったり、プログラミングや共同発表を行うことで「非認知能力を高める」授業を展開しています。

※2「放課後子ども教室」
放課後にタブレットを使用して勉強をしたり、プロの講師による英語、スポーツなどの特別授業を展開しています。

※3「ASE（Action Socialization Experience）社会性を育成するための活動体験」 アスレチックを利用し、一人では解決できない課題に対して、グループのメンバーが協力して課題を克服する活動。協調性やリーダーシップ、考える力などが育まれる。

## 不登校・ひきこもり支援と発達障害支援

私はこれまで二〇年以上に渡り、教育NPO法人の代表として、「不登校・ひきこもり」や「発達障害」の子供達への支援を行ってきました。

そこでの支援活動を一言で言えば、「そうした子供達が他者や社会と関わってゆくため、生きてゆくために必要な基本的な力を身につけさせるということ」であり、その基本的な力とは主に「実体験の積み重ね」と「コミュニケーション能力の向上」の二つによって育まれます。

これはまさに、「志」と「非認知能力」にイコールであり、様々な問題を抱える子供達に対しても、吉川市の「教育大綱」は指針となるものだということです。

そうした中、二〇一八年から、

**①北谷小学校への「勇者の旅プログラム」導入（※4）**
**②栄小学校の「特別支援学級」でのタブレット活用（※5）**

を開始しました。

前述の「ICT教育」「放課後子ども教室」の二つのモデル事業に加え、「勇者の旅プログラム」「特別支援学級でのタブレット活用」というこの二つの新規の取り組みも、校長先生方の情熱があって初めて実現出来たものでした。校長先生が先頭に立って、新規事業にチャレンジしてくださったことにより、吉川市の子供達の可能性が大きく広がったのです。

現在の吉川市の小中学校は「教育大綱」を大きな柱としながら、それぞれの学校の特徴を前面に出した授業を展開しており、活気に満ちあふれています。今後もさらに市と学校の連携を深め、二〇一八年から始めた「学校事務支援員の配置」や「校務支援システムの導入」などの教師の負担軽減施策も展開する中で、より

# Point

良い教育環境（※6）を創り出し、「価値ある未来」を担う人材を育んでゆきたいと思います。

※4「勇者の旅プログラム」
「千葉大学・子どものこころの発達教育研究センター」の監修による、「認知行動療法によって不安対処スキルを身につける」プログラム。自己理解はもちろん、他者理解も進む中で、「不登校」や「いじめ」の課題解決の一歩目となる。「社会福祉法人桐和会」様にテキストの寄付をいただいたことから事業開始が可能に。深く感謝いたします。

※5「特別支援学級でのタブレット活用」
タブレットを使用し、算数の問題等を解く。黒板を使用した全体授業に比べ、障害を持つ子供達の課題に取り組む姿勢や集中力に大きなプラスの変化が見られる。

※6「貧困の連鎖」を断ち切るための「学習支援教室」の拡充や、「外国籍の児童生徒」に対する「日本語学習支援」の充実も、こうした「志」「非認知能力」をキーワードとした教育理念を背景に展開しています。

column

# 子供達の教育環境の整備について

大規模改修中の東中学校

中曽根小学校のプール改修

今年、二〇一八年の夏は歴史的な酷暑となり、七月以降、学校へのエアコン設置が全国的な問題となりました。吉川市では来年の夏に間に合うスケジュールでエアコンを設置しますが、ここにこれまでの経緯を記しておきたいと思います。

●市長就任後、暑い時期に何度も各小中学校を訪問し、現状を確認し、「各学校へエアコンを設置してゆく」ことを議会でも表明しました。しかし、設置に向けて四つの考慮すべき点がありました。

一つ目は、前述の新しい中学校（吉川中学校）の建設に約七〇億円ものお金がかかると試算されていたこと。

二つ目は、東中学校、栄小学校、旭小学校は老朽化が激しく、その大規模改修は、子供達の教育環境整備の中では最優先事項であり、それにはそれぞれ約九億円、合計約二七億円かかるということ。

三つ目は、旭小学校のように、三〇年以上トイレが改修されていない学校もあり、衛生面はもちろんのこと、災害時には学校が避難所となることを考え、市内小中学校のトイレの洋式化も重要事項と考えていること。

四つ目は、市内全ての小中学校にエアコンを設置するには、約九億円（現在では約一六億円という見積もりになっています）かかると試算されていたこと。

●これらの合計は軽く一〇〇億円を超えます。中曽根小学校のプールの改修も二〇一七年に行いましたが、その事業費も約一億円。学校施設の整備にはどれも大きな事業費が必要となってきます。

吉川市の年間の市税収入は約九〇億円。限りある財源を、一般家庭と同様に、教育・健康長寿・道路や下水道などの都市基盤整備・文化芸術・産業振興などにバランスよく計画配分していかなければなりません。

こうした内容は、議会においても、PTAの会合においてもお伝えしてきました。

●考慮すべきそれらの事項を踏まえ、市の方向性として、

①まず、新中学校を建設する。（当然トイレは洋式、エアコンも設置する）

②それに並行して大規模改修を東中学校から始める。大規模改修時にトイレの洋式化、エアコンの設置を行う。

③さらにそれに並行し、大規模改修の予定が無い学校でも、トイレの洋式化が遅れている学校はその洋式化を進めてゆく。

④これらの進行や財政の状況が見えてきたあたりで、教育環境にできる限り差が出ぬようエアコン設置の計画を進める。

という内容を表明しました。

●そうした中、

①新中学校の事業費が予定より六億円安くなり、現在建築が順調に進んでいる。

②東中学校の大規模改修が二〇一七年に無事終了。九月以降は寒かったため、エアコンを一回も使用しなかったが、トイレの整備に関しては、生徒達からは「綺麗になって本当に嬉しい！」と笑顔の報告も。

③中曽根小学校、中央中学校の体育館のトイレの洋式化を完了。

という状況になりました。

●そこで、今年、二〇一八年の五月に、「こうした状況なら全校一斉にエアコンを設置することが出来る」と判断し、六月議会でその方向性を発表したのです。

夏休み明けからは暑さも峠を越したことや、全国で学校へのエアコン設置が問題となる前に、来年夏までには全校一斉に設置という方向性を表明出来たことで、吉川市では大きな混乱は起きませんでした。

現在は、なるべく市の財政を圧迫しないように国の補助を取り付けるために、国への要望活動を行いながら、設計を詰めているところであり、今後は、通常夏休みに行う工事を前倒しし、土日や冬休み、春休みに行い、来夏前の設置に向けスピード感をもって進めてゆきます。

（2018年10月25日）

column

## 未来の市長

恒例の１日市長。今回は吉川小学校６年生の榎本那南《ななみ》さん、美南小学校６年生の吉田朔《さく》くんが就任してくれました。

緊張気味の委嘱式を終えるとすぐに、市の政策の方向性を決定する大事な会議である「政策会議」に出席。各部長からの報告に鋭い質問を投げかけ、「各課訪問」では、丁寧に業務説明する職員に元気にあいさつをしていました。

議場では、質問されたことに市長が答えるという「議会答弁」も体験。「給食の残りを減らすためにはどうすればよいか？」「道路や公園などに捨てられているごみをなくす方法は？」という、これまでのランチミーティングで私と子供達の間でよく議論となっている２つの課題が１日市長へ質問されましたが、２人ともアイディアある答弁をしていました。

お昼をはさみ、次は事業を進めて良いかを判断する「決裁」の時間。一つひとつの案件の説明をしっかりと聞き、判断し、市長印を押していました。続いての「市内視察」では「吉川美南駅東口開発」の現場と「(有）ウェルビー鉛筆製作所」を訪問し、吉川市のこれからの発展や産業振興について学びました。

あまりの激務（？笑）に、２人とも少し疲れた様子でしたが、最後までしっかりと務めてくれましたし、市長の仕事を知る中で、まちづくりがどのように進んでゆくのかの理解も深めてくれました。ぜひ、この日に学んだこと、感じたことを友人や家族に伝え、多くの人が市政を身近に感じられるような役割を担ってほしいと思います。

(2018 年９月１日）

column

# 児童館ワンダーランド

プラネタリウムや天体望遠鏡、さらに小劇場や体育館も設置された「児童館ワンダーランド」は、吉川市が誇るべき施設の一つであり、今年開館三〇周年を迎えます。

その記念として、四月二日（二〇一八）には、宇宙航空研究開発機構（JAXA）の協力を得て、国際宇宙ステーション（ISS）に滞在中の「金井宣茂宇宙飛行士」と吉川市の子供達がリアルタイムで交信するイベントを開催しました。

夜にもかかわらず、約五〇〇人の市民の参加で会場が盛り上がる中、各小学校代表の子供達は「宇宙での体調の変化はありますか？」「宇宙で出たごみはどうするのですか？」「宇宙飛行士になるために小学生の頃からやるべきことはありますか？」などと真剣に質問。金井宇宙飛行士は優しく丁寧に一つずつ答えてくださり「地球に戻ったら、ぜひ吉川市に報告に行きたい」とおっしゃってくださいました。

「児童館ワンダーランド」と宇宙がつながったこの日をきっかけに、二〇年後、三〇年後にこの子供達の中から宇宙飛行士が誕生したら、なんて素敵なことでしょう。

今後も、宇宙疑似体験などができる「宇宙ミュージアム」の開催（七月二七日～二九日）など、開館三〇周年記念として、さまざまな事業を展開してゆきます。ぜひ多くの皆さんに「児童館ワンダーランド」をご利用いただき、これからも末永く愛してもらえればと思います。

（2018年7月1日）

column

# 成人式を迎える君達へ

伝えたいことは、ふたつ。

ひとつは「見えない力」について。

「見えない力」により地域や私達は支えられている。

例えばこの成人式。

今日を迎える為に、裏で多くの方々が汗をかき、また市民の皆さんから納めていただいた税金を使い、開催されている。

そうした「見えない力」に支えられ、祝福しよう、というのがこの成人式だ。

吉川市で成人を迎える君達の門出を皆で祝福しよう、というのがこの成人式だ。

見えているものに感謝するのは小学生でも出来る。

見えているものに感謝すらできないのは赤ん坊と同じだ。

二〇歳を迎えたから、成人式を迎えたから「大人になる」のでは無い。

「見えない力」を想像し、敬意と感謝を持てて初めて、君達は「大人」の仲間入りをするのだ。

もうひとつは「生きる」ということについて。

人は「生まれながらにして生きる意味を持っている」わけではない。

苦悩しながら、ときには「生きる意味」の一部を獲得したように感じながら、

そうした中で一生をかけて「生きる意味」を探してゆくのが、人生だ。

ゆえに、君達が「与えられたことだけをこなしている」うちは大人にはなれない。そういう人間はいくつになっても「大人」とは言えない。しかし自ら考え、チャレンジし、前進しようと必死で生きている人間は、二〇歳前でも「大人」として尊重される。

「見えない力」と「生きる」ということ。このふたつを意識出来てこそ、「大人」なのだ。

市長室はいつでもオープンだ。

悩んだり、あるいは素晴らしい企画、アイディアがあればぜひ、市長室を訪ねて欲しい。未来に向けて応援してゆきたい。

仕事に熱心に取り組んでいたり、故郷を離れ頑張っていて、今日この場所に参加出来ない、君達のそんな仲間を含めた七四八名の吉川市新成人の未来が輝かしいものとなるように……。

成人、おめでとう。

（2017年1月8日）

# 第11章　なまずサミット

## ――なまずによるＳＤＧｓを（※1）

「今回のノミネート、とても嬉しく光栄です。けれどせっかくノミネートされたので、それで終わりではなく、今後、なまず関連の他自治体と連携をはかり、広域で『なまず』をキーワードにした事業を行っていきたいと思います。せっかく社長さんもいらっしゃるので、ぜひ、ぐるなび総研さんのバックアップをお願いします！」

かなり多くのテレビカメラと記者さん達を前に、舞台で私がそうスピーチすると、壁側にいた「ぐるなび総研」の滝久雄社長は苦笑いをしながら頷いてくれた。

二〇一五年一二月七日、この日は、その年の世相を反映、象徴する「食」を選定する、「ぐるなび総研二〇一五年　今年の一皿」の大賞発表が都内であり、「おにぎらず」「スーパーフード」「のどぐろ」「クラフトビール」「ジャパニーズウイスキー」と並んで「なまずの蒲焼」もノミネートされ、私はその代表として授賞式に招待されていた。

「今年の一皿」受賞式

飲食店検索サイト「ぐるなび」のビッグデータから選出されたキーワードと、四四媒体のメディア関係者の審査によるこの賞は、夕方や夜のニュースでも流れるほどメジャーなものだった。残念ながら、大賞は漫画から流行した「おにぎらず」だったけれど、そうした賞に「なまずの蒲焼」がノミネートされ、全国に注目してもらえるというのは嬉しいことだった。

そして、壇上でのスピーチを求められた私は、吉川市やなまずのPRの最後に、「他の自治体となまずでの連携」を提案したのだ。それを聞いていた記者など周りの人からは笑い声も出たが、私はいたって本気だった。

吉川駅南口の「金のなまず」

＊　＊　＊

「なまりん」という「なまず」の女の子が公式キャラクターである吉川市では、二〇年ほど前から「なまずの里」としてまちおこしを展開してきた。

当時、やはり若くして首長となった深井誠町長が「何かをシンボルにして、まちおこしをしよう！」と号令し、「なまず」を選んだのがはじまりだった。古き良き吉川では、まち一面に広がる田んぼに「なまず」が入り込んできて、農家ではそれを獲り、頭からすり身にして揚げる「なまずのたたき揚げ」を食べていたという背景があったのだ。

深井町長はさらにいろいろと仕掛けてゆく。

今や吉川市の代名詞となっている吉川駅南口の「金のなまず」もその一つで、製作者はのちに人間国宝となる「室瀬和美氏」。深井町長の先見性には脱帽だ。

その他にも、「なまずの養殖場」「地酒なまず御前」「なまずのお菓子やグッズの開発」等々、様々な「なまず」展開を深井町長は実行した。

しかし、深井町長の死後、そうした展開は徐々に勢いを失い、私自身も県議時代に「果たして『なまず』での『まちおこし』を吉川市は続けていくべきなのだろうか？」と悩んだこともあった。

それでもやはり「なまずでいこう！」と市長として決意したのには理由があった。それはいくら勢いを失っているとは言っても、これまでの二〇数年に及ぶ「なまずでのまちおこし」は他市と比べても一日の長があり、市内への浸透度も他の選択肢より優位だったからだ。

ぐるなび総研の「今年の一皿」で「なまずの蒲焼き」がノミネートされたときに、その代表として吉川市に声がかかったのも、そうしたことの表れだった。

「やる」と決めたら、ビジョンを持って、様々な方法でとことんやらなければならない。深井町長の当時の情熱に思いをはせて、私も本気で「なまず」に向かい合った。

＊　＊　＊

「『なまず』をキーワードにした自治体の広域連携を図りたいと思っています。なまず料理からはじまり、歴史文化、環境問題、シティプロモーション、産業振興、災害協定など様々な分野における連携を深め、まちづくりに活かしてゆきたいのです。その為に『なまずサミット』なるものの開催を考えています」

そう私が言うと、

「面白そうですね！　中原市長のその情熱に賛同しますよ。ぜひ、やりましょうよ！」

「きよみ野地区」には車止めにも「なまず」が

訪ねた自治体の首長達は皆笑顔で答えてくれた。

「今年の一皿」の授賞式の後、すぐに「ぐるなび総研」さんは「なまず」に関連する自治体や民間に声をかけ、「なまずの連携」についてのミーティングを都内で開催してくださった。そして同時に、私はそれらの自治体や民間を訪ね、市長や社長に「なまず連携」のコンセプトを伝え歩いた。

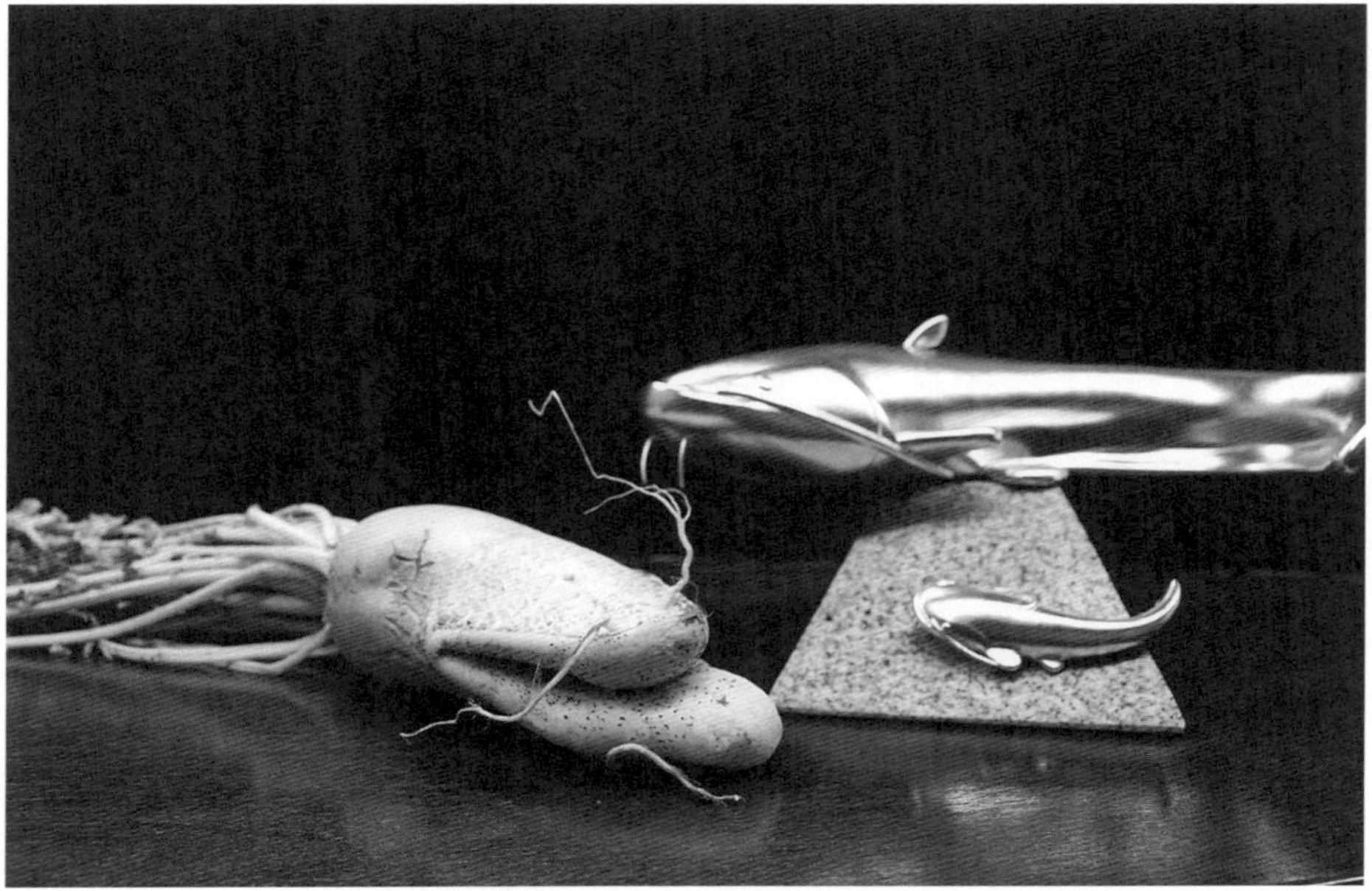

吉川市では畑でも「なまず」が獲れます（笑）

●**広島県神石高原町**の**入江嘉則町長**も「なまず連携」に賛同してくださった首長の一人だった。

＊　＊

神石高原町は、町にある油木高校の生徒さんと地域の方々が休耕田で「なまず養殖」を行い、なまず料理のメニュー開発まで手掛ける「なまずプロジェクト」が有名であり、「なまっしー」という「なまず」のキャラクターまでいる。

そのプロジェクトを牽引している**速見修史先生**も「なまず連携」に賛同してくださったのだが、驚くことに、速見先生は、そのプロジェクトを開始する前に二度ほど、吉川市へ「なまず視察」にいらしており、吉川市を目標にしているとまでおっしゃってくださった。

この出会いが「第二回なまずサミットin神石高原町」開催につながった。

＊　＊

●関東では、**群馬県板倉町**の**栗原実町長**が賛同してくださった。

板倉町は古くから利根川の舟運で栄え、吉川市の歴史文化ととても似ている背景を持っている。関東地方の「雷電神社」の総本社である「板倉雷電神社」には「なまずさん」と呼ばれる「なまずの石像」が設置されており、「撫でると地震を除け、元気回復・視力改善・自信が湧き出る」などのご利益があると云われている。

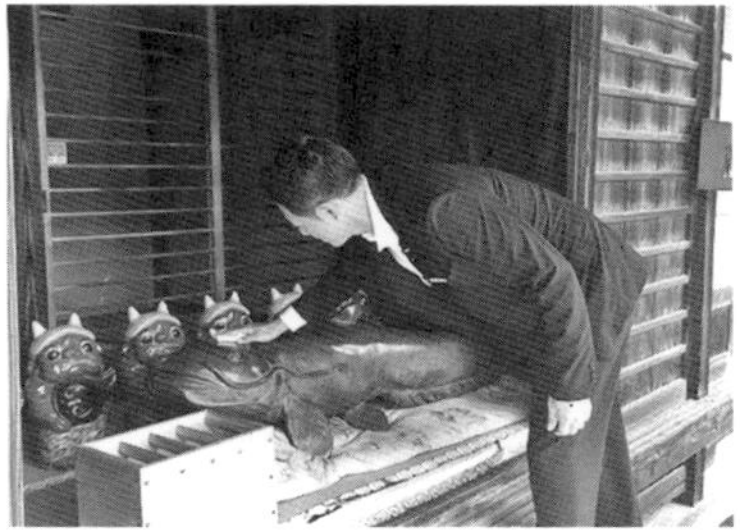

門前での「なまず料理」も名物であり、私も雷電神社を詣でた後、一八三六年創業の老舗である「**小林屋**」さんで「なまず」を食した。小林屋さんの「なまず」は全て天然ものとのことで、ボリューム満点の「なまずの天ぷら」や「なまずのたたき」はまた吉川とは違った味と食感で美味だった。

＊　＊

●**福岡県大川市**では、全国的にも注目された市長選を経て、二ヵ月前に就任されたばかりの**倉重良一市長**にお会いした。

大川市では、昭和三〇年代までは産後回復の為などに「なまず」をよく食べていたとのことだったが、近年はそうした機会も減ってしまい、数年前から「なまず」を「川アンコウ」と命名し、振興をはかっているとのお話を伺った。

また、『なまず』での連携はもちろんのこと、大川市ー吉川市という川つながり、頭文字を取れば大吉となるので、今後は『なまず』以外でもぜひ様々な連携をお願いします！」という私からの提案にも賛同をいただけた。

昼は大川市内の「**三川屋**」さんで「なまずづくし料理」をいただいたが、なんと女

将の**大和寿子さん**も神石高原町の速見先生と同じく、六年ほど前に吉川市を訪れており、そこから「なまず料理」の研究を始められたとのことだった。大和女将の「なまず料理」にかける思いは熱く、全ての料理にひと工夫、ふた工夫あり、新たな「なまず料理」との出会いとなった。

こうした大川市での出会いは、「第三回なまずサミット in 大川市」の開催につながった。

＊　＊

●**佐賀県嬉野市**へも訪問させていただいた。

嬉野市には「なまず様」が祀られている豊玉姫神社があり、まちの災いを防いでくれた神様の使いである「なまず様」を食べることが禁止されている。

吉川市とはまた違った「なまず文化」だが、そうした視点、文化もぜひ「なまずサミット」でお話しいただきたいと、嬉野温泉観光協会・**池田栄一会長**にサミットへの参加をお願いした。

その後、一月下旬からはじまる「うれしのあったかまつり」の準備会場にもお邪魔したが、青森出身のランタンアーティストである**三上真輝さん**の指揮の下、小さい子からおじいちゃんおばあちゃんまでが作製に参加する「なまずねぶた」の素晴らしさに圧倒された。

＊　＊

●**岐阜県羽島市**では「なまずまつり」に参加させていただいた。

オープニングステージでは、**松井聡市長**のご配慮もあり、「なまずサミット」を代表してのご挨拶と同時に、新たに作成した「吉川市法被」で吉川市のPRもさせていただいた。

「たけちゃん・はなちゃん」という名前の「なまずキャラクター」のバスが走る羽島市の「なまずまつり」では、「なまずのカマボコ」「なまずのお稲荷さん」「なまずバーガー」「なまず汁」など様々な「なまず料理」が販売されており、その素晴らしいアイディアとチャレンジ精神に感動。吉川市も負けていられないと感じた。

＊　＊

●羽島市のお隣、**海津市**「千

代保稲荷」、通称「おちょぼさん」へも伺った。

「第一回なまずサミット」にも参加してくださった**緒方喜雄先生**の編著「ナマズの博覧誌」でも紹介されていた「なまずを頭から開いた蒲焼き」を食したが、吉川市の「なまず料理」とはまた違ったテイストであり、それぞれの地域によって、料理もまったく違うものになるのだなとつくづく感じた。

しかし、お店の看板は「金のなまず」で吉川市と同じだった（笑）。

＊　＊

さらにそこから二時間かけて滋賀県の「琵琶湖」にある**「滋賀県立琵琶湖博物館」**へも訪問した。

そこでの目的は、吉川市における「なまず水族館」設置の可能性調査と、琵琶湖・淀川水系のみに生息する日本固有種「ビワコオオナマズ」との対面だったが、その大きさに圧倒された。また、様々な「なまずグッズ」も販売されていて、「なまずによるシティプロモーション」のヒントとなった。

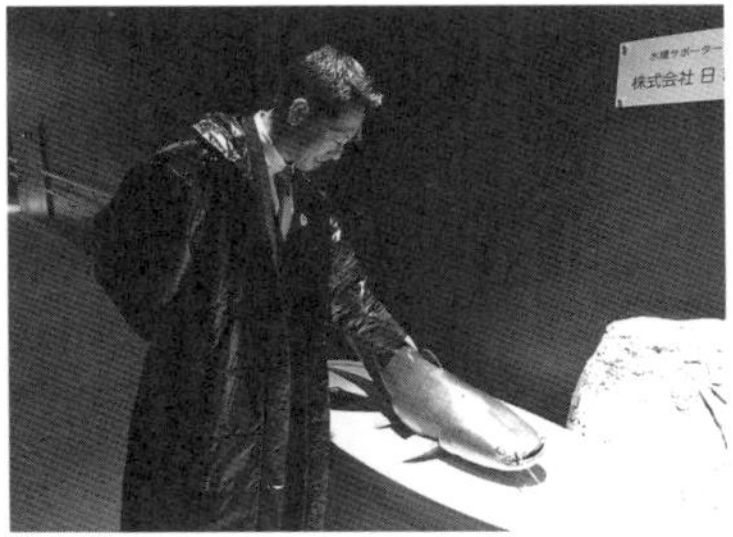

＊　＊

**福岡県福津市**とは不思議なご縁だった。

吉川市の職員が家族旅行で福岡県に行ったときのこと。レンタカーのラジオから聞こえてきた「なまずの郷公園」「さくらまつり」「ほたる祭り」「菖蒲」という言葉に、「えっ？　吉川市のこと？　福岡なのに？」とビックリしていたら、それは「福岡県福津市」という町の話題だと分かり、予定を変更し、福津市を訪れてみたと私に報告があったのだ。

すぐに調べてみると、人口規模も、予算規模も吉川市に似ており、なまずを祀った神社もあり、法人化した観光協会が積極的に様々な事業を展開していた。さらに、私と福津市の**原﨑智仁市長**が同い年だとも……（笑）。

そこまで似ているなら、「すぐに行かねば！」と、吉川市のなまず物産や資料をたくさん抱え、一路、福津市へ向かい、「なまず」に関してはもちろん、市政運営にかかわる諸々を、原﨑市長、**松田美幸副市長**とお話しさせていただいた。

この面会がキッカケとなり「なまずサミット」がSDGs」へつながった。今思えば不思議なご縁からはじまった、とても大きな出会いだったと感じる。

こうした訪問を重ねた結果、多くの自治体、民間の賛同を得ることが出来、「全国なまずサミット」が開催されることとなったのだ。

## 全国なまずサミット

### 「第一回全国なまずサミットin吉川」

二〇一七年二月一八日

当日は、約二，〇〇〇人もの方々にご来場いただき、大盛況のうちに終えることが出来、各メディアにも取り上げていただきました。

この「第一回全国なまずサミットin吉川」には、「なまず」による「まちおこし」を行っている、

「群馬県板倉町」
「茨城県行方市」
「行方市商工会」
「岐阜県羽島市」
「広島県神石高原町」
「福岡県大川市」
「佐賀県嬉野温泉観光協会」

さらに、
「なまず」の養殖に取り組む「広島県立油木高校」

独創的な「なまず料理」を提供されている福岡県大川市の「三川屋」

「ナマズの博覧誌」を秋篠宮さまと編著された緒方喜雄氏、

「なまず」の石彫刻を創作されている伊藤哲一氏、

毎年「今年の一皿」というイベントで食文化の創造を展開されている「ぐるなび総研」

という一三の自治体・団体・個人の皆さんのご参加をいただきました。

「シンポジウム」では、そうした多彩な顔ぶれ通り、「文化、芸術、教育、環境、食、防災、産業など、様々な視点から『なまず』を捉え、『なまず』の魅力を全国に発信する」ことが出来ました。

Point

「食」に関しては、

吉川市内飲食店の皆さんのご協力の下、「よしかわうまいもん市場」が開催され、

会場に設置されたキッチンカーでは、「スーツァンレストラン 陳」副料理長であり、日本最大級の料理人コンペ「REDU—35 二〇一六」グランプリシェフ井上和豊氏が、「オリジナルなまず料理・三杯鯰魚（サンベィヌェンエイ）〜吉川市産のなまずの四川旨辛炒め〜」を提供くださいました。

また、「よしかわご当地グルメコンテスト」も開催され、

多くの応募の中から、第一選考を通過された方々の熾烈なグルメバトルが繰り広げられ、試食された市民の皆さんからの投票等により、

☆「吉川産なまず」を食材にした部門では、

一位・吉川産なまずと吉川ネギ入り春巻き（萬万亭—鈴木正寛さん）
二位・なまりんボウル（山﨑茜さん）
三位・なまずパリパリ（福寿家—小林寿朗さん）

☆吉川産食材を使用した部門では、

一位・大人のネギ焼（やるき茶屋さん）
二位・吉川御前ロール（早野孝昭さん）
三位・吉川ネギ塩焼きそば（こはまやさん）

という結果になりました。

順位をつけるのが申し訳なく感じるくらい、どのメニューも素晴らしいもので、吉川市内店舗や家庭で気軽に「なまず料理」が楽しめるよう、商品化の後押しを行政としても展開しているところです。

＊＊＊

この「第一回全国なまずサミット」の開催前に事前調査をかけましたが、

まず、吉川市の知名度が低い……

当然、「吉川市＝なまず料理」も知られていない……

特に千葉、東京の隣接する地域でも認知度が低く、そのあたりの方々は吉川市へ来たこともない……

さらに、ランチミーティングでも明らかになったように、市内の子供達や新たに転入されてきた市民は「なまず料理」を食べたことが無い……

料亭でしか食べられないので身近ではない……

という厳しい結果が出ていました。

けれど、同時に、

●「吉川市＝なまず」を知ったキッカケはテレビ等のメディア

●「なまず」による「まちおこし」への吉川市民の理解は高い数字

ということも分かりました。

そうした中で、この「なまずサミット」がテレビでも放映され、記事にもなったこと、

市民参加型の「なまず料理」のメニュー開発が出来たこと、

また、全国の「なまず」仲間が一堂に会し、「なまず」をキーワードに、歴史文化の継承、環境保全、災害時応援を含めた「なまずによるまちおこし・まちづくり」の連携を図りはじめたこと、

などは大きな意味があったと思います。

また「今後の吉川市において、『なまず』が産業として成り立つ為のベースを作る」という目的もこのサミットにはあり、そこにも充分応えられたのではないかと思います。

## 「第二回全国なまずサミット in神石高原町」

二〇一七年七月二日

サミットと言えば、通常は一年間隔か、それ以上の時間をあけて開催されるものですが、「第二回全国なまずサミット」は第一回目の開催から四ヵ月程しか経っていない、二〇一七年七月二日にどうしても開催したいと考えました。

「七月二日、つまり、七（なな）、〇（まる）、二（ツー）で、『なまず』と読めるこの日をぜひ正式に『なまずの日』として登録し、第一回サミット開催の勢いをそのままに、来年以降にスピード感を持って事業展開を図れるようにしたいんです！」

そう説明しながら、職員は「第一回なまずサミット」に参加してくれた自治体を中心に、一生懸命「第二回」の開催地を探して回りました。しかし、そんな短い準備期間で「サミット」を開催できる自治体はありませんでした。

「準備時間も無いし……無理か……」

そうした空気に包まれ、私も半ば諦めかけた時でした。

Point

広島県神石高原町の入江町長から連絡が入ったのです。

「七月二日に、広島マツダスタジアムでカープ対ドラゴンズの試合があるんですが、そこでなまずサミットが開催できそうです！」

最初、意味がわからず戸惑いましたが、話しはこうでした。

休耕田を利用して「なまずの養殖」を行なっている神石高原町の油木高校の生徒さん達の活動を「広島カープ」の松田オーナーがこれまでも応援してくれていた。

そしてこの七月二日は「広島マツダスタジアム」で油木高校の生徒さん達が「なまず料理」の販売を行うことになっていた。

そこで入江町長が自ら松田オーナーに直談判をし、物販コーナーを「第二回なまずサミット」の舞台とする許可を得た。

ということであり、入江町長の思いが、まさに奇跡を起こしてくれたのです。

そうした経緯で「第二回全国なまずサミット」は無事に広島マツダスタジアムで開催され、広島国際ホテルでの調印式を経て、「本日七月二日が、『なまずの日』として登録されました！」と球場のオーロラビジョンに映し出してもいただき、西日本のテレビや新聞にも大きく取り上げられました。

ちなみに、試合の方も、カープが八回に、四番鈴木の一発で、六対四で逆転勝ちし、球場がとてもハッピーな雰囲気に包まれた一日となりました。(笑)。

## 「第三回全国なまずサミット in大川」

二〇一八年六月一七日

そうした激動の「第二回全国なまずサミット」を経て、二〇一八年六月一七日には、青空が広がる素晴らしい天気の中、福岡県大川市にて「第三回全国なまずサミット」が開催されました。

このサミットには、

福岡県大川市
広島県神石高原町
佐賀県嬉野市
福岡県福津市
岐阜県羽島市
富山県南砺市
埼玉県吉川市

半田隆夫先生
福岡県「なまづ倶楽部」（「づ」で正式）
福岡県賀茂校区なまずの会
神石高原町　油木高校
嬉野温泉観光協会
料亭三川屋

と、全国から一三の自治体・団体・個人の参加があり、パネルディスカッション、物販ブース設置など大盛況となりました。

また、今回の「なまずサミット」に向けて、吉川市の職員が特別にデザイン作成した「大川市×吉川市＝大吉バッグ」を大川市の倉重市長をはじめ、参加団体の皆さんにお配りしましたが、皆さん大変喜んでくださいました。

そうした中でも特筆すべきは、このサミットにおいて、福津市の松田副市長が

「環境保全、経済成長、そして社会と文化の三つは持続可能な開発に欠かせない三要素であり、この『なまずサミット』はそれらを内包している。今後は国連のSDGsが推進する持続可能なまちづくりという理念とサミットをリンクさせて取り組んでいこう」

と、ご提案くださったことでした。

これにより、「なまずサミット」の持つ可能性と進むべき先を参加者が共有出来たことは非常に意義深いことでした。

## 【全国なまずサミット宣言文】

古くから、「なまず」はわれわれにとって身近な魚であり、それぞれの地域の長い歴史の中で、それぞれ独自の伝統が育まれ、経済的・文化的な豊かさをもたらしてきました。

そうして各地域の伝統として根付いた「なまず」は、これからも新しい価値をうみ出す可能性を秘めています。

本日、全国から集まった、われわれ「なまず」文化を継承する参加者は、相互に連携を深め、以下を推し進めることを、「全国なまずサミット」で宣言いたします。

1、「なまず」をわれわれの大切な文化かつ財産として、その歴史と共に、「なまず」が生きる自然環境を未来へと引き継ぎます。

2、「なまず」に関する団体や事業者などを含めた幅広い分野の交流を充実させ、相互の絆を強めると共に、地域の産業振興に努めます。

3、「なまず＝地震」。参加者間で自然災害に対する体制の強化を目指します。

これらを達成するため、われわれは楽しく息長く相互連携を深めます。

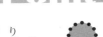

## 七月二日　なまずの日記念イベント

こうしたスピード感ある事業展開により、三回のサミットを開催する中、吉川市では、七月二日「なまずの日」を周知するために、二〇一八年は、七月一日(日)に「前日祭」として、「なまずの日記念イベント」を開催しました。

●『森と鯰』の完成披露式

「第一回全国なまずサミット」にも参加くださった石像彫刻家 伊藤 哲一氏が、吉川市のシンボルである吉川駅南口「金のなまず」のテーマである「家族愛」を受け継ぎながら、「自然との共存」「未来に向けた吉川市の発展」もテーマに織り込み、子供達が見て触れたくなるような「愛らしいなまずの親子と森」を創造してくださいました。「石のなまず」はお披露目後すぐから、子供達の人気者に。市民の皆さんに末永く可愛がっていただければと思います。

●「鯰絵記念講演」

ステージでは、「埼玉県立嵐山史跡の博物館」学芸主幹の加藤光男氏による、講演「鯰絵ってなんだろう!?」が開催されました。「鯰絵」とは、一八五五年の安政の大地震をキッカケに江戸に出回った、大鯰が地震を引き起こすという民間信仰に基づいて描かれた浮世絵であり、当時の人々の生活や文化をうかがい知ることが出来、非常に興味深い講演となりました。

●「シンポジウム」

「未来に泳ぐなまず」という題名で行われた「なまずシンポジウム」では、「ナマズの博覧誌」の編著者である**緒方喜雄氏**、吉川市の料亭 福寿家の**小林政夫社長**、なまずモニュメント作成者の**伊藤哲一氏**、なまずを使ったイベント等を仕掛けてくださっている**松野真治代表取締役**をお招きし、「なまず」を通して、日本の文化、吉川市の歴史、子供達の教育、芸術、産業振興等々、様々な切り口でお話しをいただき、最後は「なまず・未来・

自分」をキーワードに、メッセージもいただきました。

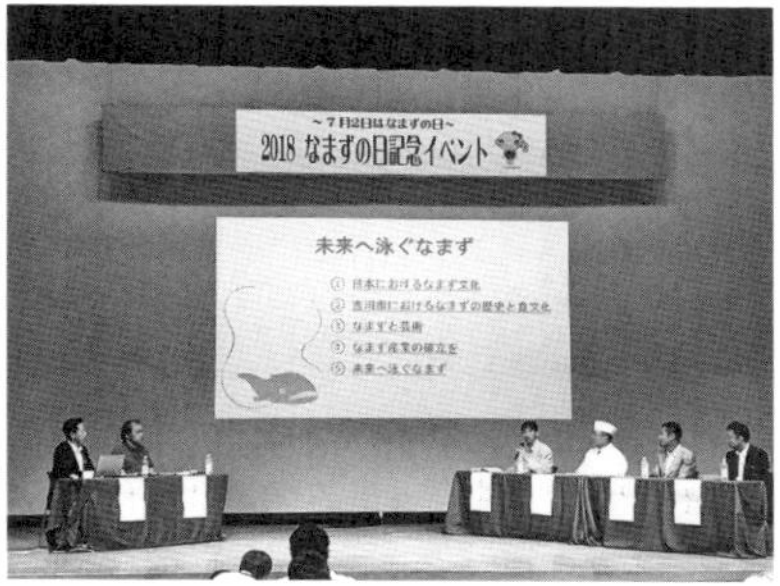


●「なまず食堂」

来場くださった方々は、会場内に設置した「なまず食堂」にて市内飲食店の皆さんが提供してくださった様々な「なまず料理」を食べながらシンポジウムを聞くことが出来、まさに「なまず尽くし」の時間を過ごしていただきました。

●「なまずアート体験」

新たなモニュメント「森と鯰」を作成してくださった伊藤先生による、「子供達のアート体験教室」を開催。子供達はそれぞれ思い思いにモニュメントをスケッチし、それに色付けを。

どれもが伊藤先生に負けないくらいの芸術作品となりました。

その他にも、なまずに触れられるコーナーなどもあり、「なまずの里」吉川が、まさに「なまず」一色となった一日でした。

吉川に今もなお脈々と流れる「水田文化」。そしてそれを表す「なまず」。

「第三回全国なまずサミット」でも表明されたように、今後、「なまず」を通した「まちおこし」だけでは無く、歴史文化、芸術、教育、環境保全、産業振興、そして防災協定等、様々な分野において、「なまず」をキーワードに「未来に向けたまちづくり」を進めていこうと考えています。これは、福津市の松田副市長がおっしゃっているように、まさに国連のSDGsであり、「なまず」を通して「持続可能な社会づくり」を目指すということです。

今回完成したモニュメント「森と鯰」は、吉川市の新たなシンボルというだけではなく、そうした社会を未来に向けて創り上げてゆくという「決意と連携」をも表現したものとして、大事にしてゆきたい、そう考えています。

※1「SDGs」(Sustainable Development Goals) とは、「持続可能な開発目標」という意味であり、2015年9月の国連サミットで採択された国際目標。持続可能な世界を実現するための17のゴール・169のターゲットから構成され、地球上の誰一人として取り残さない (leave no one behind) ことを誓っている。SDGsは発展途上国のみならず、先進国自身が取り組むユニバーサル (普遍的) なものであり、日本も積極的な取り組みを進めようとしている。

## 秋篠宮さまへの拝謁

こうした「なまず」による「まちづくり」事業を展開する中、

「ナマズの博覧誌」を秋篠宮さまと編著され、「第一回全国なまずサミット」にパネラーとしても参加いただいた緒方喜雄先生にご案内いただき、秋篠宮さまへの拝謁のお時間をいただきました。（二〇一七年四月一五日）

私からは「全国なまずサミット」のご報告をさせていただくと同時に、吉川市の「なまずへの取り組みのこれまでとこれから」をお話しさせていただきました。

秋篠宮さまは、吉川市が「なまずの里」であることをご存知であり、「吉川市のなまず」についてや、「高速道路で吉川市に入ると、看板になまずが書いてありますよね」と吉川市についてもお言葉をいただき、感動致しました。

秋篠宮さまへは、吉川の酒米で作った清酒「なまず御前」と、なまずサミットでお披露目した、シルバー人材センターのメンバーさんが作成した「なまず人形」などをお渡しさせていただきました。

今後の吉川市の発展に、温かいお言葉もいただき、大変光栄でした。

## なまずの給食と総合学習

「市長とランチミーティング」の中で、「なまずを食べたことも、見たことも無い！」と言う子供があまりに多かったことから、まず「なまず料理」を給食で出すようにしました。

そしてさらに、市内すべての小学校において、「なまずの総合学習」をはじめました。

歴史・文化、食育、郷土愛などをテーマとした「なまずの総合学習」では、市内で「なまず」料理を提供している料亭の皆さんに講師をお願いし、

- 「なまず」やフナといった川魚が当たり前のように食卓に並んでいたご自身の幼少期や吉川市の歴史などについての講話。
- 「なまず」を捌いていただき、体の特徴や生態などについての説明。
- 「なまずのたたき揚げ」の試食。

などを行っていただいています。

子供達は、恐る恐る「なまず」に触れたり、「美味しい！」と歓声をあげ試食をしたりしながら、命をいただく感謝の気持ちや、自分達のまち吉川市への愛を育んでくれたのではないかと思います。

## 災害時連携

自然災害が多発した二〇一八年。

「なまずサミット」の仲間であり、「第二回全国なまずサミット」の開催地であった「広島県神石高原町」が「平成三〇年七月豪雨」により大きな被害を受けました。

被災地では人命救助や避難所開設を優先し、ふるさと納税の受付窓口の開設に精力を注ぐことが困難です。そこで、吉川市が代理として寄附の受付をする「ふるさと納税災害支援代理寄附受付」を行いました。

皆さんからのご協力は、二〇一八年一〇月現在、二〇五万五〇〇〇円となり、先日、そのお礼にと、入江町長が自ら吉川市を訪問してくださいました。

「なまずサミット」の宣言にあるように、「なまず」での連携が災害時にも大きな力となりました。

ご協力いただいた皆さんありがとうございました。

市長としてのお礼のハガキに使わせていただいている
「森と鯰」のポストカード。撮影制作は八幡純さん

# 福祉政策に新たな光を

column

■県議時代から、「障害者を取り巻く課題の解決」に力を入れて取り組んできました。もっともその始まりは「不登校・ひきこもり」の支援活動の中で、学習障害（LD）、注意欠陥・多動性障害（ADHD）、アスペルガー症候群などの発達に障害を持つ子供達や統合失調症の青年たちへの支援を行っていたところからであり、もう二五年間ほどになります。

そうした中、特に市長就任後は、スピード感ある支援決定が可能となり、「特別支援学校や学級」また「障害者支援施設」への訪問や、「保護者・関係団体」の皆さんとの意見交換を重ねながら、現場からの声を政策に結びつけてきました。

それは例えば、

・専門相談員の配置
・ヘルプカードの発行
・市役所での就労体験充実化
・屋内スポーツ大会の開催
・「コミュニケーション支援ボード」の作成
・発達支援研修会の開催
・「障害者の地域での生活を考える検討会議」の設立
・「手話言語条例の策定」に向けた準備開始

などの新規事業ですが、未来に向けて、福祉政策にさらなる新たな光を当ててゆきたいと考えています。

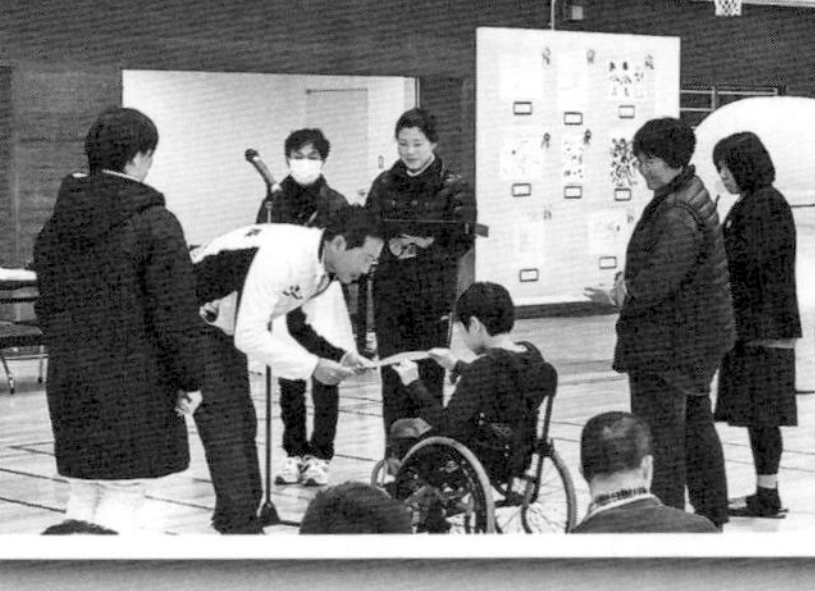

新たな光の一つ目は「なまずの産業化による障害者雇用の創造」です。

「なまずの里」である吉川市だからこそのアイディアとして、「なまずの養殖場」「なまずの加工場」「なまずなどの地元名産を食べられるレストラン」を整備し、仕事を細分化することにより、多くの障害者や高齢者の雇用の場を創り出したいと思っています。

福祉施設の代表者、障害者団体の代表者、ボランティア団体関係者、特別支援学校関係者、行政担当課、そして、当事者の皆さんと共に「障害者の就労と住まいの未来を考えよう」と立ち上げた「障害者の地域での生活を考える検討会議」では現在、そうした雇用の場の実現に向けて、ワークショップや有識者の講話などを重ねています。

この事業は、庁内においても、「福祉担当」だけではなく、「都市整備課」「商工課」「農政課」など幅広い連携が必要であり、その道のりは長く、厳しいものですが、「市民と行政の共動」により必ず実現したいと思っています。

二つ目は「こども発達センターを移転し、療育を充実化」させることです。

これまで民営化の方向性だった「第二保育所」を公設公営で継続し、障害児を積極的に受け入れることを決定しました。それと同時に、併設されている「こども発達センター」を保健センターの二階に移設し、面積を拡張するとともに、子供達への療育のさらなる充実化を図ります。また、研修会や学習会の開催により保護者への支援も進めてゆきます。

三つ目は、「旧市役所の跡地を福祉の拠点とする」ことです。

これまで、「庁舎跡地」は売却することとなっていましたが、多くの保護者や関係者から要望があった「福祉の拠点」として再整備したいと考えています。まだ具体的な形は見えていませんが、これも「市民と行政の共動」により、「未来に向けて価値ある形」にしたいと思います。また、売却中止により、敷地内にある「戦没者慰霊塔」も守ることが出来るのは嬉しいことです。

■高齢者福祉においても、全ての高齢者（在宅）への「アンケート」「インタビュー」「訪問」を行い、「高齢者の幸福実感の向上」を理念とする「高齢者福祉計画」を策定しました。

施策としては、

・公共交通の少ない地区での「高齢者タクシーチケット」配布
・敬老祝いカタログの作成
・いきいき運動教室の拡充
・吉川市グラウンドゴルフ大会開催
・在宅医療の推進
・認知症ケアパスの普及・啓発
・認知症キッズサポーターの養成
・毎日一万歩運動の実施
・シニア元気塾開催

を展開してきましたが、

今後は、「高齢者生活スタイルブック発行」や「なまずの産業化による雇用の創出（前述）」に加え、「芸術文化を活用した認知症予防、介護予防、生きがいづくり」（第13章）を進めてゆきます。

（2018年11月7日）

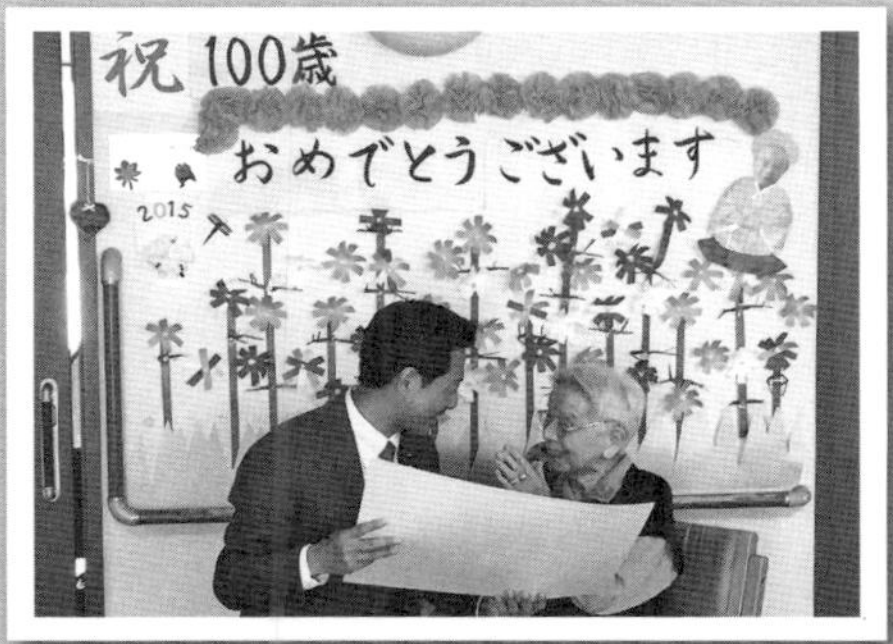

# 第12章　産業振興条例の制定

## ――幸福実感向上のための産業振興を

企業や農家への訪問を
重ねてきました

市長に就任して以来、産業振興に力を入れるべく、企業訪問や農家訪問を重ねてきました。

そこで「農・商・工」の現場を学ばせていただくと共に、市内中小企業調査や農林業センサスなどの結果の分析、また、経済や農業の学識者との意見交換も行ってきました。

もちろんそれらに並行して、様々な施策も展開し、二〇一六年度には経産省にもかけ合い、三，七〇〇万円の産業振興費が国から吉川市へ入り、市費も積極的に投入する中で、吉川市の産業振興を進めてきました。

例えばそれは、

・産業フェアの開催
・ものづくりアワードの開催
・市内企業ガイドブック作成
・シドニー、ベトナム等をはじめとする海外販路拡大
・吉川市ブランド米確立
・吉川ねぎの販路拡大
・新たな特産品の開発や六次産業化の推進
・若者農業者との連携による、婚活や新米宣伝事業
・物産ＰＲの為に多くの販売会へ参加
・なまずサミットの開催
・新たな「なまず料理」「なまず製品」の開発
・制度整備により「ふるさと納税」約五，五〇〇万円

ねぎサミットへの参加（左）
産業フェアを主催（右）

アップ（二〇一七年度末まで）
・観光協会内に「総務部会」「なまず部会」「さくら部会」を設置し組織を改革
・桜まつり、南砺市ツアー、フォトコンテスト等の観光協会新規イベント開催
などであり、他にもここに書ききれない程、商工課、農政課による産業振興施策を展開してきました。

しかし、「産業振興を目指して」と言えば言うほど、「施策展開」をすればするほど、迷路にはまっていくような気持になりました……

＊　＊　＊

例えば、様々な場面でよく使用される「市の活力ある発展に重要な役割を果たしている市内産業の振興」という言葉があります。

しかし、
「市の活力ある発展とは何か？」
「重要な役割とはどんな役割か？」
「市内産業の振興とは何を指すのか？」
と問うと誰もしっかりと答えられないのです。

「産業振興」という言葉をしっかりと定義することなく、安易に使用している曖昧な状況がまるで迷路の中にいるように感じたのです。

これは、何も吉川市に限ったことではなく、私がこれまでに参加した様々な会議において、いろいろな人に質問をしましたが、他自治体、そして国も答えられません

常に現場へ

でした。

「生産年齢の五人のうち三人が市外に勤めるベッドタウン」として成長してきた吉川市は、

「市内企業の九七％が少人数雇用の小規模企業」、

「税収面でも、特定の企業に大きく依存していない」、

「専業農家は一四〇戸」という状況であり、

そうしたことを知る市民や学識者からは、次のような厳しい意見もありました。

「例えば、自動車メーカーの大きな工場があり、そこで多くの市民が雇用されているとか、それが市の財政の基盤となっている等でもなく」

「例えば、歴史と生産高を兼ね備えた伝統工芸産業のような、市や市民の誇りとなる産業があるわけでもなく」

「専業農家が少なく、一面トウモロコシ畑というような集約型大規模農業もない」

そんな吉川市において

「中小企業や農業に補助金を出すなら、深夜まで都内で働いているサラリーマンのために深夜バスの一本でも東京から吉川まで走らせるために補助金を出した方が良いのでは？」

こうした意見に対して、ハッキリと市の方向性を述べることも難しい状況だったのです。

＊　＊　＊

そこで、吉川市の産業振興のあるべき姿を示し、理念を打ち立て、それを共有しようと、市内の若手経営者や農業従事者、経済団体の代表、個人事業主など多くの方と意見交換を行いました。

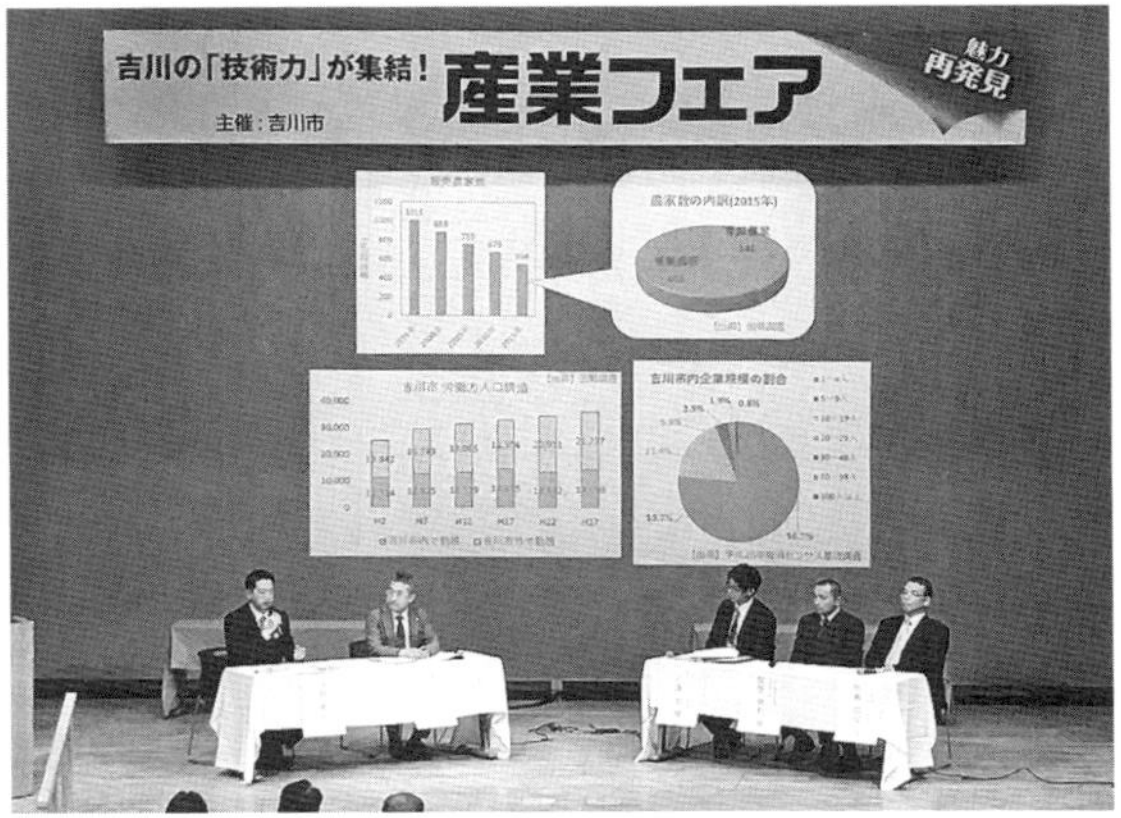


そこで出た意見は

「人材の確保が非常に厳しい状況が続いている」

「新たなチャレンジをするときにこそ支援が必要」

「共同開発や外注コスト削減のためにも、連携出来る市内企業の情報が欲しい」

「産業振興支援＝補助金という考え方から行政も企業も脱却すべき」

というまさに産業界の現場からのリアルな意見でした。

そうした中、「その後の市の方向性を大きく決定付ける意見」が出たのです。

「私は社長である自分が幸せになるというだけではなく、従業員が幸せになれることがとても大事だと考えて日々仕事をしている。そういう意味では、産業の振興とは、企業のためではなく、市全体や市民が幸せになれるためにあるべきだ」

この意見を聞いた時、一気に視界が晴れ、迷路から抜け出せたと私は感じました。

それはまさに、吉川市の市政運営の三つの理念である「市民の幸福感の向上」「吉川市の価値を高める」「共にまちを想い、共にまちを創る」と同意だったのです。

つまり、私達行政が目指すべきものは、

「市民の幸福感を高めることにつながる産業振興」

「市の価値を高める産業振興」

「そうした産業振興を皆で成し遂げる」ということであり、そのために必要な支援を行っていくということだったのです。

これは私だけではなく、職員も、そして産業振興について検討を重ねてくれていた前述の方々も皆頷くものでした。

こうして、「産業振興」の出発点がしっかりと定められた後はスムーズに進みました。

常に現場へ

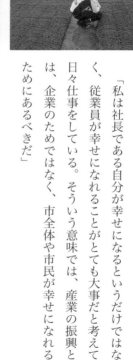

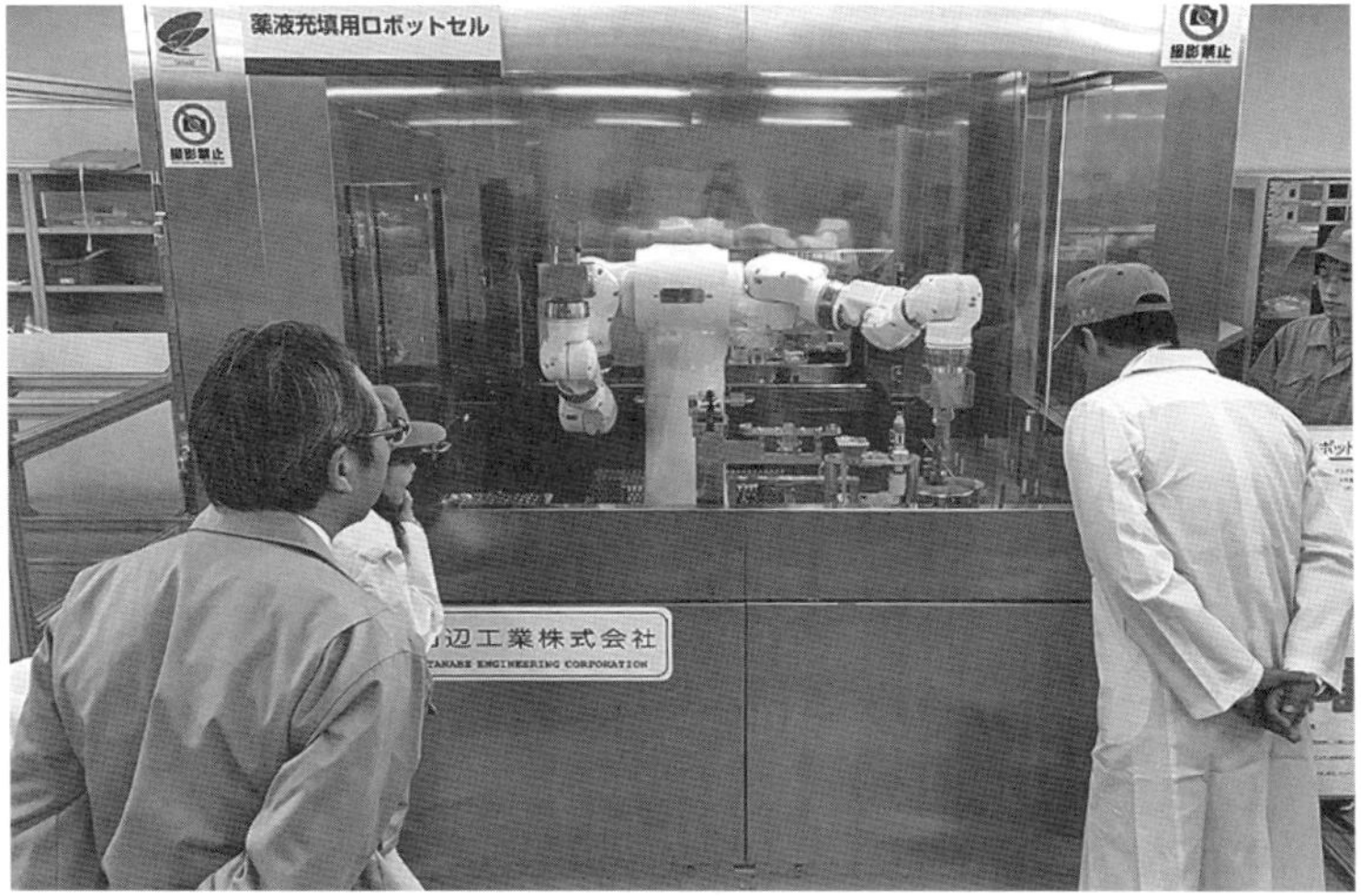

ロボット作業を視察

●「職住近接により、余暇の充実はもちろん、自治会やPTAの活動、また、消防団や地域のスポーツ少年団コーチなどの地域活動にお父さんやお母さんが活発に参加できるようになる。それは、その人にとっても地域や市にとっても幸せなことだ」

●「その実現のためには、吉川市で暮らすこと、吉川市で働くことの素晴らしさを一体的にプレゼン出来るものを用意し、企業の人材確保活動に行政も一緒に出向くなどの協力が大事だ」

●「また、将来の人材として、子供時代から『ものづくり』の素晴らしさや地元企業の活躍を知り、職業体験が出来

大吉ブランド設立

るような『教育』に産業界も協力をする」

●「農商工を一体とした産業振興を図り、新商品開発、六次産業化、海外販路拡大等のチャレンジを促し、その支援を進める」

●「女性、障害者、高齢者の活躍の場の創造や多様性ある働き方の実現」

●「吉川市のエネルギービジョンの作成」

●「今後の『吉川美南駅東口の開発・東埼玉テクノポリスの拡張・三輪野江地区の開発』における産業ビジョンの確立」

等々、多くの具体的な提案がなされ、二〇一八年の春にそれらを骨格とした「産業振興条例」が策定されました。

その名も、「吉川市における幸福実感向上を目指したまちづくりのための産業振興基本条例」。

そこには、市民、事業者、勤労者、行政、学校の共動により、まちの幸福感を向上させるための産業振興施策を図ることが明記されています。

そして、こうした理念の打ち出しと同時に、「商工課」「農政課」「企業誘致担当」をひとまとめにし、二〇一八年の春から「産業振興部」を新たに設置するという組織改革も実行しました。

様々な商品を

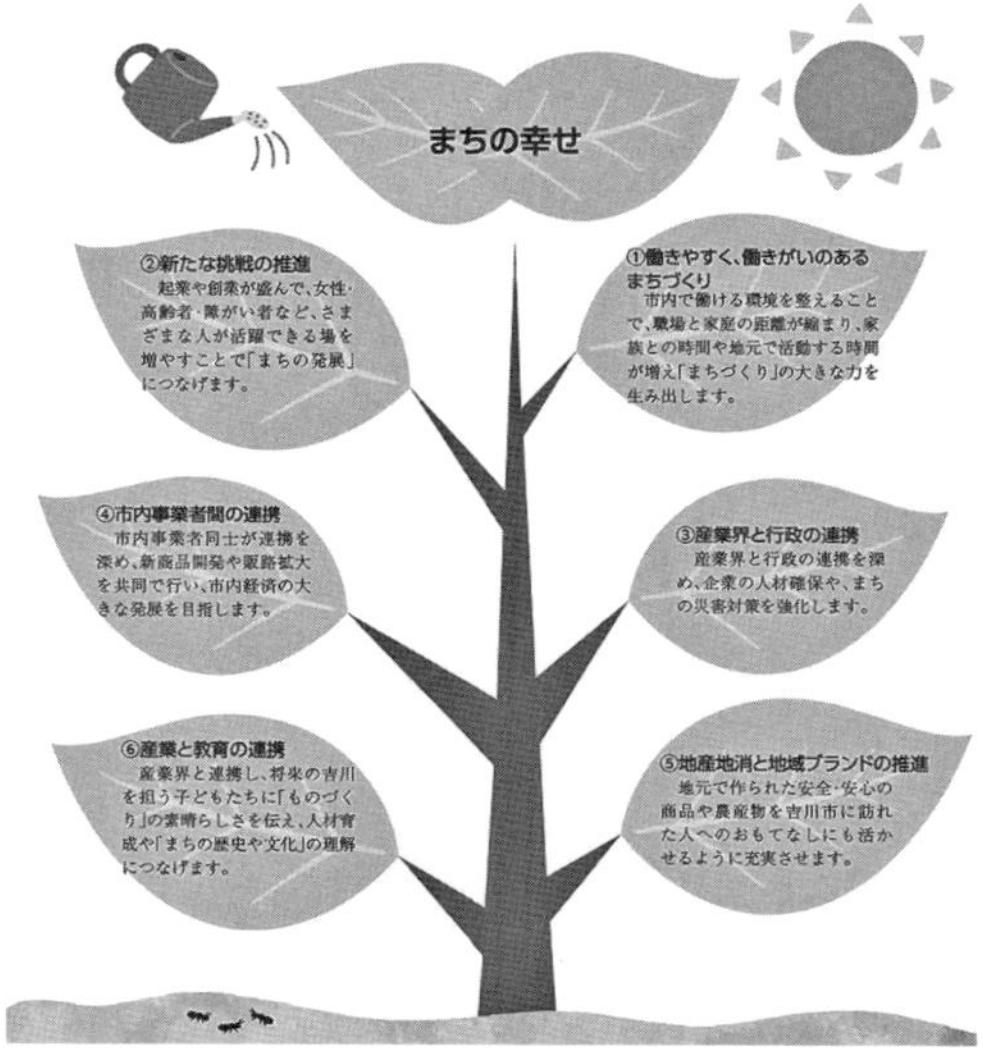


* * *

「最初、条例の名前が独創的な点に興味を惹かれたが、その実、内容は産業振興の本質を示すもので、素晴らしい。条例策定で終わってしまう自治体が多い中、基本方針をかなり踏み込んで記しており、産業振興の実行に向けた熱意を感じる。今後に大きな期待を寄せる」

経済学の教授にそう講評され、嬉しさより、責任を強く感じました。

「テレワークをはじめとする多様性ある働き方の現場を、子供達に日常的に見せたいのです。未来にはこうした働き方が普通になるよと。ですから、出来ればそうしたブース、事務所を学校の施設の中に作りたい。今ある仕事のほとんどがなくなると言われている未来に、どんな力を身につけておけばいいのかを伝えたいのです」

そう熱く語る提案者には、この吉川市の「産業振興基本条例」は期待が持てるものと映っているはずであり、実行に向けた私達の本気度を注視しているでしょう。

そうした中で、この条例を共に創り上げた、市内の若手経営者、農業従事者、経済団体の代表、個人事業主、議員の皆さんと、次は実行に向けて共動出来ることが今から楽しみです。

「吉川市における幸福実感向上を目指したまちづくりのための産業振興基本条例」。その先に「価値ある未来を」皆さんと共に創り上げてゆきたいと思います。

column

# 吉川ねぎ夫

## 二〇一八年三月七日 「ねぎ夫」も喜ぶ 「吉川ねぎペン」！

「夏ねぎ」として、その品質に高評価をいただいている「吉川ねぎ」。

その「吉川ねぎ」をモチーフにした「吉川ねぎペン」。地元企業の「ぺんてる」さんのお力をいただき完成しました！

農業と商工業を一体とした産業振興を目指す吉川市にとって、まさに「農×商工×行政」を具現化した販促アイテムの登場です！農政イベント等でお配りする予定です。ぜひ皆さん、ゲットしてください！

## 二〇一八年五月七日 「ねぎ夫」結婚式に！

五月七日の開庁日では、「開庁式」の後に「新庁舎での結婚式」も開催されました。

応募してくださった二組のカップルの結婚式には家族の皆さんも参加され、温かく幸せな時間となりました。

「市民の幸福実感の向上」を一番の目標とする吉川市の市役所の開庁が、お二人の「新たなお幸せ」への祝福からスタート出来たことは、とても嬉しいことです。

「ねぎ夫」も祝福に駆け付けました！

## 二〇一八年六月一日 「ねぎ夫」を任期付職員として 正式に採用！

「巻きがしっかり、煮くずれ知らず」と言われ、市場での評価が高く、特に六月から出荷のピークを迎える「吉川の夏ねぎ」。

しかし、国から埼玉県唯一の「指定産地」として指定を受けているにも関わらず、「深谷ねぎ」や「越谷ねぎ」よりも認知度が低く……。

そうした中、「吉川ねぎ」の魅力を全国にPRしようと、吉川市が初参加した二〇一六年の「全国ねぎサミット」において、市の職員が独自のキャラクターとして考案したのが「吉川ねぎ夫」。

突如として現れたそのシュールな姿に、子供のみならず大人達までが虜になって写真を撮りまくるという現象が多発（笑）。

その後、市の非公認キャラクターとして勝手連的に様々なイベントに登場し「吉川ねぎ」のPR活動を行ってきたが、このたび、その二年間の活躍を認め、

・任期三年
・給与は肥料

という契約で、「吉川ねぎ夫」を任期付職員として正式採用しました。

性格は一本気。

通常は一人での活動ですが、旬や収穫量に応じて二人、三人と増える時があります（笑）。

二〇一八年六月二日
「ねぎ夫」、テレビや新聞に！

「ねぎ夫」、様々なメディアに取り上げていただいています。

二〇一八年八月一日
「ねぎ夫」、「しおり」になる

吉川市の特命職員の「吉川ねぎ夫」が、「夏ねぎのように瑞々しくて辛みの効いた一生忘れられないような本と子供達との出会いに力を尽くしたい」と言うので、市内の図書館や図書室で本を借りると、一日一個スタンプが押され、スタンプ三個、六個でそれぞれもらえるプレゼントの中に、「吉川ねぎ夫特製しおり」が登場！

夏休み、ちびっ子にはぜひ、たくさんの本を読んで欲しいな!!

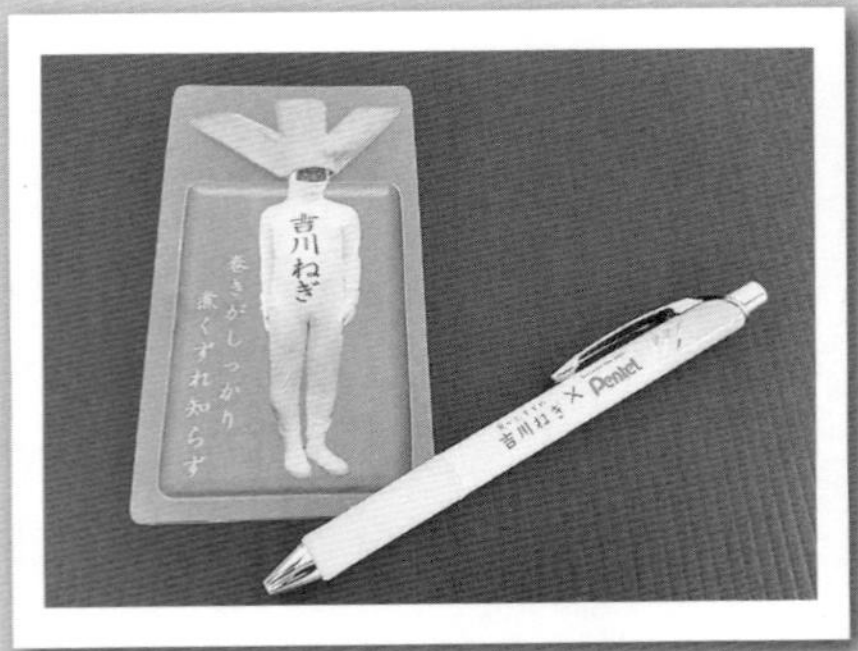

column

## さくらまつり

延伸した第２ポケットパーク

私も子供達とダンスの共演を

※宇宙桜―― 2008年に若田光一宇宙飛行士と共に宇宙ステーション「きぼう」で宇宙を旅した日本三大桜の種から生まれた桜。1000年、2000年の悠久の時を超えて咲き続ける山梨県北杜市の山高神代桜のように大きく育ちます。

吉川市の「桜」を、もっと多くの方々に楽しんでいただけるようにと、市長就任以来、力を入れてきました。

まずは二郷半領用水路沿いに約3.8km続く「桜並木」。その北部の川藤地区には桜のトンネルに提灯、そして家族愛を感じる川柳が飾られており、ここに休憩用のベンチと簡易トイレを設置しました。のんびり散策するには最高の場所となっています。

次に「関公園」を「桜の公園」と位置付け、「さくらまつり」を開催しています。３回目の開催となる今年（2018）は、県の協力をいただき、二郷半領用水路・木売落し上に架かる「第２ポケットパーク」を広げ、夜のライトアップもさらに充実させました。

認知度も上がり、大勢の方が足を運んでくださる中、ステージでは熱演が繰り広げられ、物販ブースでは売り切れも続出し、大盛況となりました。来年には「宇宙桜」（※）の植樹も予定しており、さらに桜の名所となるよう「関公園」を整備してゆきます。

吉川市には他にも、きよみ野北側の鍋小路用水路沿いの「桜並木」や栄小学校横の「沼辺公園」、吉川駅南側の「木売公園」など「桜」を楽しめるスポットがたくさんあります。今年度はそうした桜の名所を紹介する「さくらマップ」を作成し、いずれはそれらを連結させた「さくら周遊企画」を開催したいと考えています。今後も吉川市の「桜」で、多くの皆さんに幸せな気持ちになってもらえるよう、取り組んでゆきます。

（2018年５月１日）

# 市制施行20周年記念事業

記念ロゴマーク

吉川市市制施行20周年記念の年であった2016年は、「吉川市の歴史と先人に敬意と感謝を」「吉川市の特産に光を」「多くの市民との共動で」の3つをテーマとし、様々な記念事業を展開しました。そうした中でも、イベントの開催は、出来る限り「未来への種まき」であるべきと考え、その後の継続を強く意識しました。（市主催：33事業、市民主催：20事業　計53事業　全体で61,629人以上が参加）

出張！ なんでも鑑定団 in 吉川

## 主な「20周年記念事業」

- NHKラジオ公開放送
  「ふるさと自慢うた自慢」
- 記念式典【熊本地震を受け中止】
- いくべ～よし！ 川まつり →継続
- グラウンド・ゴルフ大会
  ～吉川NO.1決定戦 →継続
- 障害者屋内スポーツ大会 →継続
- プロ選手によるスポーツ教室
  「ハンドボール・サッカー・野球」→継続
- プロの生音コンサート →継続
- テレビ番組公開放送
  「出張！なんでも鑑定団」
- 吉川産米を使ったギネス世界記録に挑戦！
- オリジナルナンバープレート交付
- 記念切手の販売
- 「絵本　吉川むかしばなし」発行 →継続
- 10年後への手紙
- 「文藝よしかわ」刊行 →継続
- 吉川市プロモーションビデオ作成
- 記念カレンダー作成
- 記念ペットボトル「吉川のおいしい水」
- ロゴマーク・キャッチフレーズの作成
- さくらまつり →継続

この他にも、

- なまりんのマンホール制作
- マンホールカード作成
- なまりんガチャポン設置　など

（2018年11月10日）

オリジナルナンバープレート

column

## シティプロモーション

イベントはもちろんのこと、新聞、雑誌、映画、ドラマなどから旅番組、料理番組、さらにラジオ番組等まで積極的にシティプロモーション活動に取り組んでいます。　　　　　　　　　　　　　　　(2018年11月10日)

- ●映画「怒り」「来る」「青空エール」
- ●ドラマ「仮面ライダーエグゼイド」「増山超能力師事務所」
- ●ＴＶ番組「満点星空レストラン」
- ●ＣＭ「ユニクロ」　　　　　　など

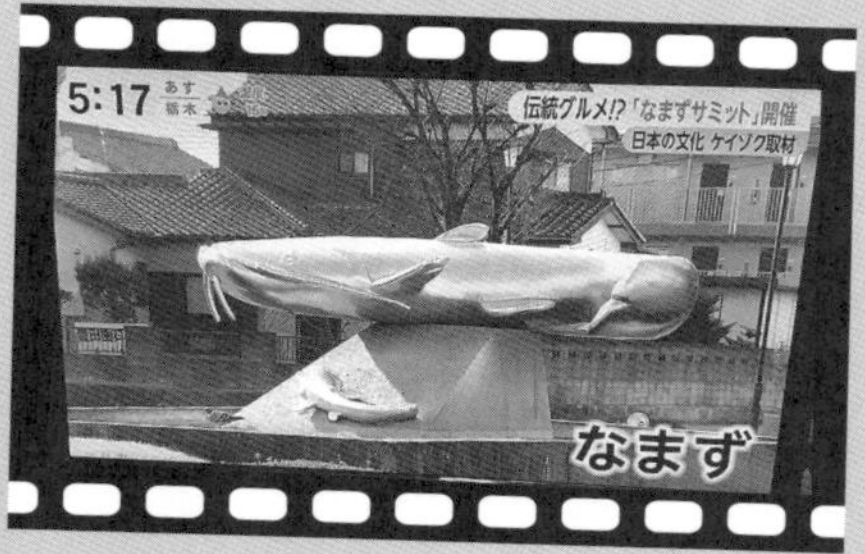


さまざまなニュースで

吉川美南駅での１日駅長

ＮＨＫさいたま放送局

記念切手

なまりんガチャポン

# 第13章　蜷川幸雄先生と吉川市演劇事業

## ――芸術文化で地域の課題解決を

「これまで生きてきた中で、毎日こんなに名前を呼ばれたのは初めて！」

日常生活の中で、誰かに自分の名前を呼んでもらえることがとても嬉しかったと、五〇代の女性が笑う。

「生活がガラッと変わりました。いろいろチャレンジ出来るようになったというか……」

家にこもりがちだった若者は、他の活動にも参加しはじめた最近のことを語ってくれた。

「大勢の人の前で演技をするのは緊張したけど、最後までやり遂げられたよ！」

まだ小学生の子が少し自慢げに胸を張る。

二〇一七年の夏、中央公民館の大ホールに用意した観客席は満席となり、会場内に入れない人も出るほどの大盛況の中で上演された「市民演劇・Y市のフシギな住人たち」。

その「吉川市演劇事業」の出演者に応募したことで出会った、年齢も性別も出身もバラバラな市民が力を合わせ、舞台上に創り上げた「物語」は感動的であり、客席からの拍手が鳴りやまなかった。

一方、その舞台裏でも、前述のように「新たな物語」が生み出されていた。

「演劇」を創り上げていく過程で、参加者それぞれの人生が交差し、重なり合い、大きな化学反応が起きていたのだ。「吉川市演劇事業」は単に演劇を行う事業ではなく、参加した市民の毎日の生活や人生に新たな光を当てるものになっていた。

＊　＊　＊

すべてのはじまりは、「彩の国さいたま芸術劇場」で観た蜷川幸雄先生の「ゴールドシアター」だった。

「ゴールドシアター」とは、「彩の国さいたま芸術劇場」の芸術監督であり、「世界のニナガワ」と呼ばれた演出家・蜷川先生が創設した平均年齢七八歳の「高齢者素人演劇集団」であり、二〇〇七年には第一回公演「船上のピクニック」を上演。二〇一三年には初のパリ公演「鴉よ、おれたちは弾丸をこめる」を成功させた。

二〇一一年、当時、埼玉県議会議員だった私は、その視察で初めて「ゴールドシアター」を訪ね、蜷川先生の案内で稽古を見学させてもらったのだが、出演者である高齢者の皆さんのイキイキとした表情、重ねた年輪を感じさせる動き、そして連帯感……、どれもが輝いており、衝撃だった。

「年齢を重ねるということは、様々な経験を、つまり深い喜びや悲しみや平穏な日々を生き抜いてきたということの証でもあります。その年齢を重ねた人々が、その個人史をベースに、身体表現という方法によって新しい自分に出会うことは可能ではないか？　ということが、私が高齢者の演劇集団を創ろうと思った動機です」

そう蜷川先生は語っていたが、その後、「ルート99」「白鳥の歌」「楽屋」「リチャード二世」と「ゴールドシアター」の公演をほぼ全て観劇させて頂き、高齢者一人ひとりの人生の発露というだけではなく、ゴールドシアターの芸術性の高さにも驚かされた。

そして、この「高齢者素人演劇集団・ゴールドシアター」の活動は、超高齢化時代を迎えるこれからの時代を生きる上での理念になる、そう感じたのだ。

「先生、このゴールドシアターを吉川市でも展開したいです！」

一生懸命にそう話す私を見ながら、蜷川幸雄先生はニヤッと笑って、「大変だぞ〜。あの人たちわがままで勝手だし。セリフはすぐ忘れちゃうし。猛獣使いより難しいぞ」と言った。そして、少し離れたところで稽古をしていた「ゴールドシアター」の出演者さん達へ愛おしそうな視線を送りながら、「でも、面白そうだね。やってみなよ」と言ってくださった。

当時まだ県議だった私は、SNS等で市民に呼びかけ、「さいたま芸術劇場」への観劇ツアーなどを自ら企画し、「彩の国さいたま芸術劇場」との連携を深めた。そして、市長選挙の時には「吉川版ゴールドシアターの立ち上げ」を公約の一つとし、演劇事業を展開するための基盤を作っていった。

そして市長就任後、「吉川版ゴールドシアター」は高齢者だけではなく、全ての世代が参加出来るものにするという方向性を打ち出し、「芸術劇場への視察」「ゴールドシアター役者さんへの訪問」などを経て、二〇一六年から「さいたま芸術劇場」の全面的な支援の下、「蜷川幸雄チーム」の豪華スタッフによる「ストレッチ・発声・ボイストレーニング・身体表現」等の演劇ワークショップ事業を開始することが出来た。

演劇ワークショップには、老若男女問わず多くの市民が参加してくださり、その積み重ねの結果が、前述の二〇一七年八月二七日（日）の「市民演劇・Y市のフシギな住人たち」の上演という形になったのだ。

＊　＊　＊

「演劇」とは、「身体を使い」「頭を使い」「自己を見つめ」「人と関わり」「他者を認め」「共に創り上げる」という、まさに「人が生きてゆく」ということと同じだ。

また、歌・踊り・身体表現・音楽・美術・文学が一体となって構成される故に、「演劇は総合芸術だ」と言われ、様々な切り口を持っている。

そうした特徴を持つ「演劇」を旗手事業として、吉川市では「芸術文化を総合政策として展開しよう」という方向性を打ち出した。

それはつまり、私達行政が「芸術文化」を単なる「振興する対象」という視点のみで捉えるのではなく、

・高齢者の方々の認知症や介護予防
・若者達の不登校・ひきこもりへの支援
・子供達の自己表現、自己肯定感向上
・世代を越えた交流
・地域の絆づくり

など、様々な課題を解決するための「政策」として総合的に活用してゆこうということであり、その先頭を走る事業として「演劇」を位置付けたのだ。

＊　＊　＊

もっともすでに、「演劇」を「総合政策」として活用している事業もある。

例えば、「戦没者追悼式・平和のつどい」事業では「朗読演劇」によって戦争の悲惨さ愚かさを若い世代に伝えている。

また、児童館では、演劇を活用し自己認知、他者理解を図る「アプライドドラマ」事業を開催し、子供達が学びを得ている。

こうした事業を展開しつつ、現在は、三菱ＵＦＪリサーチ＆コンサルティング芸術・文化政策センター主席研究員の太下義之氏にお力をいただきながら、「芸術文化事業を総合政策として推進するための基本的な方針」の作成を進めている。

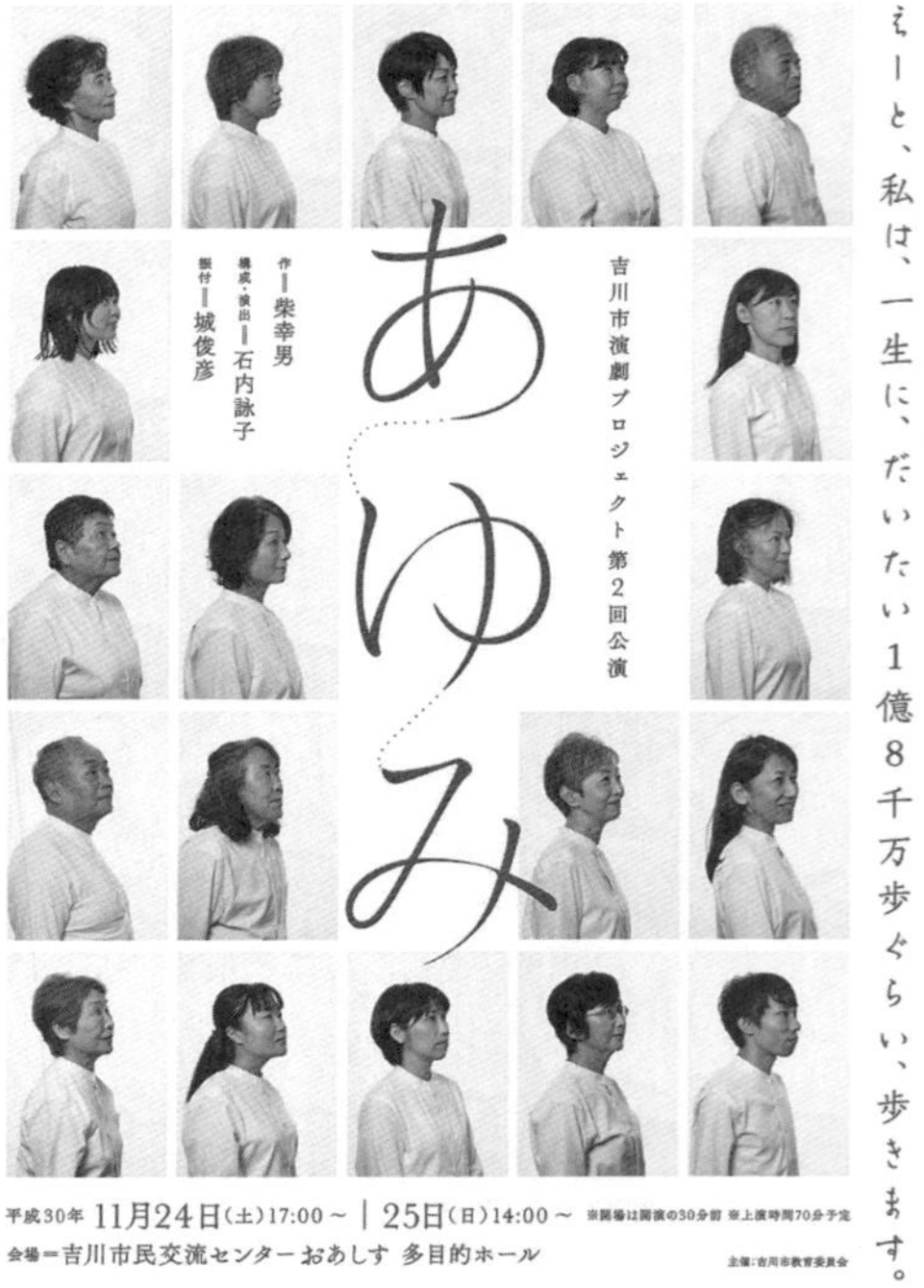


吉川市演劇事業第２回公演「あゆみ」2018 年 11 月 24 ～ 25 日

演出・石内詠子先生、振付・城俊彦先生に
導いていただいている吉川市演劇事業

■しかし、この四年間で展開した「芸術文化」事業は「演劇」だけではない。

■今年（二〇一八年）で三年目となる「文藝よしかわ」事業では、「小説・随筆部門」、「俳句・短歌・川柳部門」、「小中学生作文部門」、「挿絵部門」に毎回三〇〇点を超える市民からの応募があり、受賞作品の映像化や商品化にチャレンジしている。

■「生音コンサート」事業では、国際的マリンバ奏者の塚越慎子氏をお招きし、コンサートの開催のみならず、小学校での「音楽体験活動」の講師もお願いし、音楽を通して、子供達へ「世界」を伝えていただいた。

■「吉川むかしばなし発行」事業では、二〇年前に発刊されたものの忘れ去られた存在であった「吉川むかしばなし」に「吉川の方言」も加えた形で再発刊し、現在は「第二号吉川むかしばなし」の発刊に向け、市民の皆さんが創作活動を展開している。

■「めにみえない　みみにしたい」出張公演は、「さいたま芸術劇場」以外では、唯一の出張公演（於おあしす）であり、現代演劇をリードする若手演劇作家「藤田貴大」氏の演出により、四歳の子供から大人までが楽しめる作品として大変好評だった。

■「大沢雄一物語発行」事業は、三輪野江地区出身で埼玉県知事となった吉川市の偉人をしっかりと未来に伝えてゆこうというもので、第二号は、国技である大相撲本場所の土俵を創り続けた旭地区の「宮﨑吉之助物語」を発行。次号は吉川地区の偉人物語の発行を予定している。

■このように様々な芸術文化事業を展開しているが、その背景には、毎年行なっている「吉川市市民意識調査」において毎回「吉川市の文化芸術度の低さへの不満」が挙げられているということがある。そうした声を受けて、「中央公民館」の改修には、一億円以上の事業費をかけ、

・雨漏り防止
・高齢者の為に、舞台階段へ「手すり」を設置
・コーラスや生音演奏の為の「側面反射板」を設置
・舞台吊り物の更新
・茶道、華道で使用する畳の新調
・絵画展の為のライトアップ設置

などを実施してきた。

彩の国さいたま芸術劇場
との連携を

＊　＊　＊

私は小さな頃から、文章を書いたり、絵を描いたり、立体作品を作ったり、歌を作ったりするのが好きだった。それを一生の仕事にしたいと思っていた時期もあった。

そうしたこともあり、「不登校・ひきこもり」支援の活動においても、創作の時間を多くとり、言葉や態度での表現が上手くいかない子供達に、創作を通した自己表現へのチャレンジを勧め、合同個展や音楽などの発表の場を用意した。その中で、子供達が様々なことを感じ、学び、成長し、社会へ羽ばたいてゆくという「芸術による人間の生の輝き」を長年に渡って見てきた。

それが、今の私の市政運営の原点のひとつとなっており、蜷川先生の「ゴールドシアター」を見た時の感動と共感はそこから生まれたのだと思う。

「面白そうだね。やってみなよ」と蜷川先生が笑った時から実に五年が過ぎた二〇一六年の八月から吉川市での演劇ワークショップがスタートした。

けれど、先生の「やってみなよ」が形になるのを見てもらうことは叶わず、先生はその三ヵ月前の五月に逝去された。

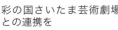

今年、二〇一八年の冬には、「吉川市演劇事業」の第二回公演「あゆみ」が上演される予定であり、新たな募集で集まった市民の皆さんが、現在、稽古を重ねている。

蜷川先生が、「ゴールドシアター」を通して、未来に向けて蒔いた種は、私や市の担当職員、そして「演劇事業」に参加している市民、さらに、観劇した市民、そうした多くの人々の心にしっかりと花を咲かせている。

それをさらに大輪の花として、次世代に渡すためにも、「演劇表現と人の生の交差から生み出されるもの」を「まちづくり」に結び付けてゆくチャレンジを、これからも吉川市は続けてゆきたい。

蜷川幸雄先生へ感謝をこめて

一周忌の法要へ吉川市から花しょうぶを

「長い時間の中で、施設や建物は朽ち果てても、その街の文化や哲学は受け継がれ、歴史を超えて残るのです」。先日（2017 年 5 月 20 日）開催された「文藝よしかわ刊行記念レセプション」の壇上で、挿絵部門の選考委員を務めていただいた世界的絵本作家である葉祥明氏が、そう話されていました。

町から市になって 20 年を迎えた吉川市。 文化・芸術にさらに力を入れようと「中央公民館」や「おあしす」などの施設整備を進めると同時に、故蜷川幸雄先生にお力を頂いた劇団ワークショップやプロの音楽家による生音コンサートの開催など、質の高い文化・芸術の振興にも注力しています。

そうした中、皆さんから作品を募り、葉祥明氏をはじめ小説家佐川光晴氏、歌人田中章義氏ら一流の方々に選考委員になっていただき編集した「文藝よしかわ」が刊行となりました。「私達の郷土・よしかわの景色」をテーマにした「小説・随筆部門」「俳句・短歌・川柳部門」「小中学生作文部門」「挿絵部門」への応募総数は 345 点にも上り、その中から「最優秀賞」「市長賞」「教育長賞」がそれぞれ選ばれました。 どの作品にも、作者の「郷土への思い」が描かれ、難しい選考でしたが、結果、受賞者は小学生から高齢者まで、またお住まいの地区、吉川在住歴もさまざまとなり、作品のみならず、応募者の皆さんにも「吉川市の持つ幅広さや可能性」を強く感じました。 今後も「文藝よしかわ」の刊行は継続し、いつか吉川から大作家の誕生をと思っています。

「はたちを越えた私達のまち吉川」がさらに成熟したまちへと成長するように、今後も市民の皆さんと共に文化芸術の振興を進めてゆきたいと思います。

（2017 年 6 月 1 日）

## 文藝よしかわ刊行

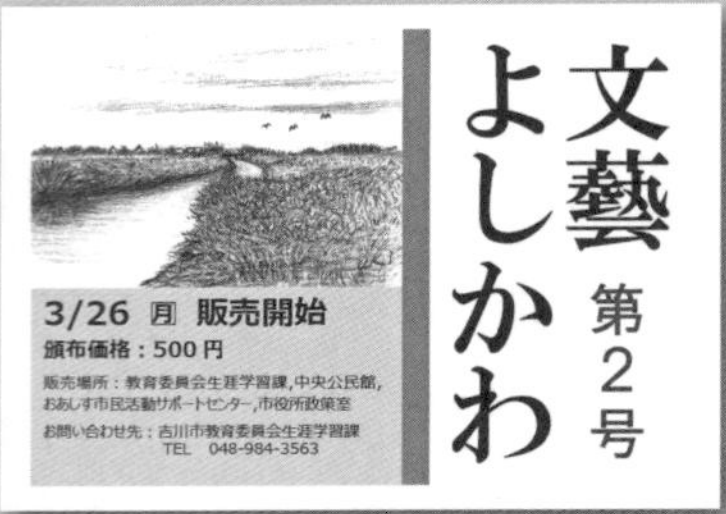

column

## 大沢雄一物語

その昔、私達のこの吉川から「埼玉県知事」が誕生したことを皆さんはご存知ですか？

吉川市三輪野江に生まれ育った大沢雄一氏が、知事が選挙で選ばれるようになってから２代目の「埼玉県知事」として1949年(昭和24年)に就任したのです。

大沢雄一氏は1902年（明治35年）生まれ。「第２の野口英世になる！」と医者を目指し勉学に励んでいましたが、結核により長い療養生活を強いられてしまいました。しかし、看病してくれた両親に強い感謝の気持ちを持ち、諦めずに勉強し、その後入学した中央大学法科を首席で卒業し内務省に入省。県知事となってからは、財政の立て直しをはじめ、焼失した県庁の再建、企業誘致などの功績を残し、その後「参議院議員」「衆議院議員」を務め、1984年(昭和59年)に永眠されました。

昨年（2017）春、吉川市では教育理念を「家族を　郷土を愛し　志を立て　凛として生きてゆく」と定め、「学力」「体力」そして「※非認知能力」の３つの力を高める目標を立てましたが、大沢雄一氏はまさにそのお手本となる人生を歩んだ方です。そうした先人の存在は現代を生きる私達にとっての道しるべとなります。リーフレット「大沢雄一物語」はそうした思いを込め、子供達はもちろん、多くの市民に知っていただきたいと作成しました。(2017.9)

今後も、古き良き吉川の偉人を一人ひとり皆さんに紹介してゆく中で「先人、歴史に敬意と感謝を持ったまちづくり」を進めてゆきたいと思います。

（2018年３月１日）

※非認知能力――「自制心」「やり抜く力」「協調性」などの数字では測れない能力のこと。これからの未来を切り拓くために重要とされている能力。

# 第14章　川の郷 よしかわ

## ――川から見るまちづくり

「結構キビシイ状況だよ、市長……」

そう言って中川の上流を見つめる社長の言葉を聞きながら、私は携帯で今後の雲の流れと上流地区での降雨予想をチェックしていた。

明日（二〇一六年八月二八日）は、吉川市市制施行二〇周年記念イベント「いくべ〜、よし！　川まつり」。その開催には桟橋が必要で、設営のために「吉川市建設業協会」に加盟する市内の建設会社の社長をはじめ、社員の皆さんが中川の河川敷に大勢集まってくれていた。

雨はほぼ止んでいたけれど、それまでの雨で川の水量も上がっており、桟橋の設置もなかなか困難な状況になっていた。

決めあぐねる時間がしばらく続く中、

「この後、雨は降らない予報で、水量もここまでで高止まり、明日も天気は持ちそうで開催できるだろう」との判断に加えて、

最後は「吉川市建設業協会」の皆さんが、「子供達をどうにか船に乗せてあげたい」という熱い気持ちで、桟橋を含めた会場設営に力を尽くしてくださり、どうにかイベントが開催できるまでの準備が整った。

＊　＊

古くは幕府の米どころとして、中川から早場米を江戸に送る舟運で栄えた吉川市。

いまも、東に江戸川、西に中川、市の真ん中を大場川が流れ、川に囲まれている吉川市ですが、川と共にあった人々の暮らしは今や遠いものとなってしまっています。

子供達が泳ぎ、川魚や貝を獲り、笑い声が響く川。

屋形船が並び、川魚料理が食べられる風流な川。

そうした、川での生活や文化があった「川の郷よしかわ」を取り戻そうと、「市制施行二〇周年」の二〇一六年をスタートに様々な事業を展開しています。

＊　＊

## 二〇一六年「いくべ～、よし！川まつり」

中川を舞台に、「市制施行二〇周年」の記念イベントとして開催された「いくべ～、よし！川まつり」。イベント名もよく見れば「よしかわ」の文字が（笑）。

オープニングは、「つばさ保育園」のちびっ子達による可愛く元気な「よさこいソーラン」と地元の方による、ご自身が小さかった頃の「川のある暮らし」についてのお話し。

そして、メインイベントの「よしかわ宝船」出航セレモニーへ。

「吉川市民謡民舞連合会」の皆さんの唄を背に、「なまず御前」「吉川ねぎ」「吉川産米」という吉川名産を載せた高瀬舟が江戸に向けて出発しました。

この時の高瀬舟は「なまずサミット」をご縁に友好関係を結ぶようになった群馬県板倉町からお借りしました。舟は、二〇〇五年の板倉町町制施行五〇周年記念の際に修復されたもので、「文化財資料館」にて保存されていたところから、この日のために使用できるよう準備してくださいました。

そんな高瀬舟の出航後は「Eボートレース」。

普段は近づくことすらない中川でボートに乗れるとあって、子供達は皆ニコニコ。

私もレースに参戦し、必死にオールを漕ぎました（笑）。

第二会場となった吉川小学校では、「なまず関連の食べものブース」や「昭和二二年のカスリーン台風で水没してしまった当時の吉川の写真コーナー」などを設置し、多くの市民の来場がありました。

こうした「宝船の出航」や「なまず料理の試食」「川の怖さの啓発」などを含ん

だこの「川まつり」を多くの市民、団体、企業の皆さんとの共動で開催出来たということは、まさに「二〇周年記念事業」の三つの理念である、

「吉川市の歴史と先人に感謝を！」

「吉川市の名産に光を！」

「多くの市民との共動で！」

の実践であり、二〇歳を迎える吉川市の新たな一ページとなりました。

## 二〇一七年「水辺で遊ぼう！」

市の真ん中を流れる大場川にスポットを当てようと、その源流に近い「ウェットランド」にて開催した「親水イベント・水辺で遊ぼう！」。

夏休みも終わりの八月二六日の「ウェットランド」では、池での「カヤック試乗」や「ザリガニ釣り」、また「川クイズにチャレンジ」など様々な「親水イベント」が展開され、子供達はもちろん、お父さんお母さん達もとても楽しそうでした。

＊　＊

## 二〇一八年「川と親しもう！ KAWAいいね！」

昔の吉川では日常の風景だった、「大場川での和舟乗り」。

その再現をメインとしたイベント「川と親しもう！KAWAいいね！」を九月二九日に開催。

「郷土資料館や農家の納屋に眠っていた和舟」を探すところからはじめ、それを地元の方に修理していただき、そして職員と共に川に浮かべ試乗するなど、実に二年がかりの準備を経て実現しました。

このイベントでも、「吉川市の歴史と先人に感謝し」「吉川市の名産に光を当て」「多くの市民との共動」という理念を継承し、「なまず養殖場見学」、「吉川産米のお米が当たるゲーム」、「なまず水族館」、「メダカすくい」、「川の歴史ブース」、「カヤック試乗」、「環境ブース」など、盛り沢山な内容となりました。

当日は、吉川美南高校の生徒さん達も和舟の漕ぎ手などで活躍をして下さいましたが、今後はさらに、地区の方々との共動を進め、いずれは、この「大場川での和舟乗り」を吉川市の観光資源にしたいと考えています。

今年も舟で、中川から東京湾へ約五時間の旅をしてきました。

これまで三〇年間にわたり、川での活動を続けてきた方々にナビゲートいただき、

・川の歴史や文化

・これまでの川での活動
・川の現在の状況

・観光、運輸、環境、教育、防災での川の活用など

今後どのようにすれば、川での生活や文化を取り戻し、それをまちの発展に結びつけることが出来るかについて、いろいろとお話しを伺いながら、舟上での「まちづくり考察」の五時間。

「川と共に栄えてきた吉川だからこそ出来ることがあるはず。そう考えて活動してきた」

「自分達の街は自分達の力で創り上げたいと思って活動してきた」

そう語る皆さんの瞳は少年のようで、

「まちづくり」だけではなく、生き方としても多くを学ばせていただいています。

吉川から八潮を抜け、東京へ。

そして東京湾から荒川、中川を上り、吉川へ。

川からの風景は、「場所によって」「川によって」全く違うものです。

また、川から見る「まち・風景」も陸上のそれとは全く違い、感じるもの、考えなければならないものが多くあることに気が付かされます。

見えなくしてきたものを見えるようにする。
閉ざしてきた社会を開いてゆく。
環境問題から川を見つめるのではなく、川から社会の問題すべてを見る。

「川の郷　よしかわ」を取り戻す事業は、そうした「まちづくり」へのチャレンジなのです。

吉川に戻るころにはもう夕暮れ。
黄昏の川はまるで、学生の頃に旅したアジア諸国のような美しさでした。

# 第三部
# 未来に向けて

# 1 旭と三輪野江

## ☑ 調整区域の未来

今後一〇年は人口が増えると言われている吉川市。

それらはまさに、街の開発を計画的に進めてきてくれた先人のおかげだ。

その開発も非常にコンパクトで、市街化区域の面積は全体の約三〇％で、そこに人口の八割が住んでいる。つまり、いま世間で言われるところの「コンパクトシティ」だ。

しかし、開発の面から見れば非常にコンパクトな「まち」であっても、全体として「まち」を見れば、新たに開発された美南地区は急激な人口増加で、小学校の児童数が一，〇〇〇名を超え、校舎も増築をしてどうにか対応している状況である一方、北部にある旭小学校、東部にある三輪野江小学校は一学年にほぼ一クラスずつで、地区人口も微減しているなど、人口問題を見ただけでもバランスがとれているとは言えず、まるで、市の中に日本全体の問題が内包されているかのようだ。

旭地区の美しい田園風景

調整区域の市民からは「うちの地区も大きく開発してくれよ。人口も増えるようにさ」とよく言われる。

そうした時、いつも私は聞き返す。

「本当にそう思っている？」

「この美しい一面の田んぼの風景をなくして、ショッピングモールつくって、車や人がどんどん入り込んでくるようにしたい？」

人口も一時増加したとしても、一〇年後には市全体で人口減少が始まって、一気に高齢化するような地区になることもありえるよね？」

「本当に地区に欲しいもの、必要なものって、何だろう？」

「う〜ん……」

多くの人が答えられずに黙り込む。
「開発してショッピングモールを作れば地区は発展するのだろうか？」
「それは持続可能なのだろうか？」
「人口が減ることをすべて悪と捉えるべきなのだろうか？」

これらは一概には言えない。
市全体の方向性を踏まえ、それぞれの地区の特性や状況も把握したうえで考えなければならない問題だ。

しかし現実問題として、今後一〇年かけて約四，四〇〇人の人口増を目指す「吉川美南駅東口開発」がはじまったばかりの今、吉川市の別の地区において、大規模な住宅開発をビジョンとするのは難しい。「吉川美南駅東口開発」が終わる頃には、吉川市も緩やかな人口減少期に入ってゆくだろう。

けれど、農・商・工を一体とした開発であれば話は別だ

## ☑ 三輪野江地区の未来

三輪野江地区においては、「三郷スマートインターチェンジ」の大型車通行や都内へ向かう通行が実現すること、さらに、千葉県の流山に向かう橋と道路が新しく完成すること、また、その周辺一二〇ヘクタールが白地（農地以外の利用規制が比較的緩くなっている地区）であることを考えると、「三郷スマートインターチェンジ」を中心に「産業ゾーン」「農業振興拠点ゾーン」「農地保全ゾーン」の三つに区分けしての開発という方向性は国との調整は必要だが、十分考えられる。

ゆえに、市長就任時から幾度となく三輪野江地区に入り、「市長キャラバン」「どこでも市長」「地区懇談会」を積極的に開催し、今後の土地利用について、地権者の皆さんや自治会の皆さんと議論を重ねてきた。

私はここに、「道の駅」「農業公園」「なまずの養殖場」「なまずの加工工場」「なまず・地元産野菜のレストラン」「実験農場」「環境保全型である人工光・養液栽培の植物工場」「体験型農場」「再生可能エネルギー拠点」などの一大農業振興拠点を作りたい。そしてそこから派生する「物流」や「加工工場」などの産業の誘致も進めたいと考えている。

なまずの養殖にさらなる光を

そのためにいま、千葉大学園芸学部との連携を進め、拠点作りの理念や農業政策・環境政策の未来図を検討し始めている。

## ☑ 旭地区の未来

一方、北部の旭地区においても、二つのビジョンがある。

ひとつは「東埼玉テクノポリス」の拡張だ。

県の事業として開発されたこの工業団地の中に入っている企業から拡張の要望が以前からあり、その採算性の高さからも県も前向きに捉えている事業だ。企業が増える、あるいは規模を拡大するというのは、税や雇用の面からも市にとって価値あるものだ。

もうひとつは、「市民農園」の再整備だ。

市が主催・共催する「田植え、稲刈り、さつまいも掘り」など、旭地区の市民のみならず、吉川市民全体の農業体験の場として大きな役割を担う「市民農園」の再整備。それを単なる「農園の改修」ではなく、旭地区の中心施設として、未来につながる再生を目指したいと考えている。

この地区では「コスモスまつりの開催」や「れんげ米の栽培・販売」など積極的な地域活動が展開されている。

また、これまで三年間、「市民農園」を舞台に開催してきた「ほたる鑑賞会」は来場者が一，〇〇〇人を超えるまでとなり、「ほたるの幼虫放流体験」などの開催も加えたことで、子供達への環境教育、愛郷心の育成までを網羅し、ふるさとで「ほたる」が見られる感動と共に、持続可能な社会づくりに大きな役割を果たそうとしている。

そうした事業の充実を図ると同時に、農業体験・農産物販売所・キャンプ・グラウンドゴルフをキーワードとして、また、様々な分野への効果も探りながら「市民農園」の再整備を行い、地区の核となる施設としたいと考えている。

## ☑ カギは「農転」……

このように、市全体の方向性を踏まえ、それぞれの地区の特性や状況も考慮してビジョンを打ち出すことが重要だ。大きな住宅開発、大きな商業施設誘致だけが地区の発展とは限らない。一気に地区の人口を増やすことは出来なくても、教育環境なども含めたその地区のあり方や価値観に惹かれて、少しずつ転入が進むことが出来れば、空き家対策、そして耕作放棄地・遊休農地の解消にもつながってゆく。

しかし、こうした三輪野江地区、旭地区のいずれのビジョンにしても、一番のネックは「農転」だ。経産省は地域の産業発展が重要だと言うが、農水省は「農地を転用し産業に利用する(農転)」ことに厳しく制限をかけている。

専業農家が少なく、農地はほとんどが水田であり、集約も大きく進んではいない状況の吉川市の農業においては、当然後継者も少なく、日本の他地域同様、非常に厳しい状況に農業が追い込まれている。

しかし、東京から二五km圏内という立地や市の面積の三分の一がまだ農地であること、さらに、農業に熱意を持って取り組んでいる若手就農者がいることなど、未来に向けた可能性を吉川市の農業は十分に持っている。

そうした中で重要なのは、先も述べた、「農・商・工の一体的発展を目指す開発」である。

農業をいかに産業として捉え、加工、販売、物流、体験なども含めた形での開発や整備を進められるかが重要であり、それ無しには「未来への可能性」はずっと眠ったままになってしまう。

そのためにも、「農転」の縛りから、自治体が解放されなければならない。

東京で開催された会議の中で、そうしたことを指摘したが、参加していた全国の市長からは大きな賛同の声と拍手がある中、その場で国からの明確な答えは無かった。

地域の現状や農商工業の現場を知る私たち基礎自治体が、「地区の開発」と「農商工業の発展」のビジョンをしっかりと持ち、独自の政策を自由に進めてゆくことが出来るような法整備こそが「地方創生」への道だと強く感じている。

## 2 公園再生プロジェクト

### ☑ 公園再生

以前から、市内の公園を見るたびに「公園を作ったときのコンセプトは素晴らしいのに、年月が経つ中で、劣化が目立ち残念だな……」と感じていました。

そこで、市長就任後、一つひとつの公園のコンセプトを見直し、より多くの市民の皆さんに公園を楽しく利用してもらえるようにと「公園再生プロジェクト」を立ち上げました。

「公園再生プロジェクト」では、大学教授などの専門家から意見をいただくと同時に、市民の皆さん、そして職員からの意見も合わせて、公園ごとに方向性を打ち出し、整備してゆきます。

### ☑ 関公園

関公園の見事な桜とポケットパークの存在は、吉川市の「桜の拠点」として大きな可能性を秘めています。その関公園では、三年前から「桜まつり」を開催。ポケットパークも延伸し、夜桜のライトアップも拡充し、市民からとても好評です。

また、関公園のもう一つの特徴である「アスレチック遊具」の改修も計画しています。アスレチックを単なる遊具で終わらせず、「ASE活動（※1）」でも利用出来るようにし、「非認知能力（※2）」を高められる施設にしようと考えています。そのために現在「筑波大学」と詳細の打ち合わせをしています。また、グラウンドゴルフ場や小さい子のための遊具の整備なども、地域の皆さん、利用者の皆さんの意見を取り入れながら進めてゆきます。

※1「ASE（Action Socialization Experience）社会性を育成するための活動体験」
アスレチックを利用し、一人では解決できない課題に対して、グループのメンバーが協力して課題を克服する活動。協調性やリーダーシップ、考える力などが育まれる。

※2「非認知能力」
「好奇心」や「創造性」、また「自分の考えをまとめ、伝える力」など数字では計れない能力。社会で働き、未来に羽ばたくためには重要な力となるこ

とが様々な研究で明らかにされている。特に、「自制心」「やり抜く力」「協調性」の三つの「非認知能力」を高めることを吉川市では目標としている。

## 保第三公園

滝から流れる水が園内を走る水辺の公園として、市内でも特徴のある公園のひとつである保第三公園。何年もの間、ポンプを停止し、水の流れを止めていたため、ゴミ箱の様になっていた池の清掃をしました。今後は地元の皆さんとの意見交換を行いながら、植栽や東屋を見直し、水回りの改修も行い、「水の公園」として、小さな子供達を連れた家族であふれる風景を目指します。

## 中井沼公園

水田と沼が広がる古き良き時代の吉川の風景の中に様々な花が咲く中井沼公園。二〇一五年九月には、地元の皆さんにご参加いただき、吉川市名産の菖蒲も植えました。中央にある「沼」と「四季の花」、そして「吉川市の歴史」を活かした再生により、中井沼公園がさらなる地域の憩いの場となることを目指します。

# 3 吉川橋と総合運動公園と吉川駅北口

☑ 吉川橋

越谷吉川線橋梁架け換え。越谷市、吉川市（写真・埼玉県 県土整備部 道路街路課提供）

長きに渡って懸案事項となっていた、県の事業である「吉川橋の架け替え」が、私が県議会議員だった二〇一四年にようやく工事スタートとなりました。それはもちろん、埼玉県、越谷市、吉川市、そして何より地元の地権者の皆さんのそれまでの尽力によるもので、事業開始の現場を視察した時、私もとても嬉しかったことを覚えています。

また、越谷市の県議会議員の皆さんと力を合わせて、「仮橋」の建設を実現出来たことも地元の方々からとても喜ばれました。それまで埼玉県は「架け替え工事のための仮橋は作らない」という方向性でしたが、レイクタウンへの交通量や緊急車両の通行を考えれば、五年以上に及ぶ架け替え工事の間、「仮橋」が設置されないなどということはとうてい納得のいくものではなく、その設置に向け、県議会議員としてかなり力を尽くしました。

現在（二〇一八年秋）においては、橋脚が完成し、地盤改良も終盤。ここからの非出水期（六月から一〇月までの出水期には川での工事は出来ないことになっています）ではさらに工事が進みます。

また、その吉川橋から旧カスミ前を通り、三輪野江地区へと続く道路「越谷吉川線」も、昭和四五年に都市計画

決定してから実に五〇年近い時間がかかる中、今年二〇一八年の春にようやく一部の通行が始まりました。

このように、計画から完成まで長い時間がかかる都市整備。

未来に向けて早めの計画策定が重要となりますが、現在吉川市で準備を進めている都市整備計画の一部を記します。

## ☑「総合運動公園をつくろう！」

「吉川市って、他の市に比べて公園が少ないから、それをどうにかして欲しいなぁ」

「いろいろな運動が出来る総合運動公園を作って欲しい」

「のんびり過ごせるような、大きくて美しい公園を吉川に作って！」

第3章で述べたように、「総合運動公園の整備」は「市民意識調査」においても要望の声が高く、多くの市民の皆さんが望んでいる施設の一つです。

私は施政方針演説や総合振興計画の中において、「総合運動公園」の整備を明言してきており、今後、場所や規模、内容等の検討に入ります。

子供から高齢者まで様々な世代が、スポーツ、イベント、憩い、防災など、様々な形で利用出来、心のよりどころとなるような、そんな公園を皆さんと共に考え、創り上げたいと思います。

## ☑「吉川駅北口の整備を！」

「吉川駅北口の整備」についても、多くの市民の皆さんから要望が寄せられています。

内容は、

①ロータリー内の混雑解消。特に雨

の日。

②使用されなくなった噴水等を含めたロータリー中央の植栽のあり方。

③故障時に経費がかかり過ぎ、なかなか直せない高い背の街灯。

④ホテルやショッピング系の商業施設誘致、また図書館や市民サービスセンターなどの公的機関充実などによる駅前の魅力アップ。

⑤吉川市の特産品を販売する「ラッピーランド」のあり方。

などです。

現在、①から③までは、まとめて庁内で検討を重ねています。特にロータリー内のバス、タクシー、自家用車のあり方については、ロータリー整備にかかる金額がかなり大きくなるので、その費用と効果をしっかりと計らなければなりません。今後は専門家も交えながら検討を進めてゆきます。

④⑤については、行政だけで解決出来る課題ではないので、地権者の皆さんや民間企業、そしてラッピーランドを運営する「よしかわなまず特産品販売会」などと協議を重ねてゆきたいと思っています。

古くから「吉川市の玄関、吉川市の顔」である「吉川駅」。

「吉川美南駅周辺」などの新たな地区の整備だけではなく、歴史ある「吉川駅周辺」の整備にも力を入れてゆきたいと思っています。

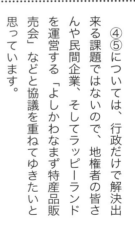

# 4　外部団体

市長に就任すると、同時に様々な組織の代表にも自動的に就任します。しかし、そうした慣例にとらわれず、「本当に市長が兼任すべきか」を念頭にそれぞれの業務の見直しを進めてきました。

## ☑ 吉川松伏消防組合

●市長は組織のトップ（管理者）として、隊員に敬意と感謝を持ち、出来る限り現場を知ることにより、責任ある判断を出来るようにすべき。

●これまで市役所の部長級職員が務めていた「消防長（現場のトップ）」は現場からの叩き上げの隊員が務めるべき。

●同時に、市の中堅職員を消防組合に、消防組合の隊員を市役所にという人事交流を図るべき。

こうした方向性を示し、私自身が現場研修を行い、市役所の各部長も現場視察・体験を行う中、上記の人事改革を実現しました。

高い所は苦手です…（苦笑）

現場研修にて隊員と共に

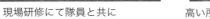

## ☑ 吉川市水道課

●国における法改正など、水道事業の課題・未来が話題となっているが、市長は管理者として理念と計画を持って事業を推進すべき。

●水質や災害時対策などの安全・安心はもちろんのこと、有収率など経営的な視点もしっかりと踏まえ、これまで通り公営事業として推進するべき。

そうした考えのもと、今後「吉川市水道ビジョン」を策定し、水道委員会の充実も図ってゆきます。

## ☑ よしかわ観光協会

これまで主な事業が「吉川八坂祭り」の共催であった「よしかわ観光協会」。吉川市の観光はもとより、産業の発展には、民間の考え方や力の導入が必要と考え、市長がトップ（観光協会会長）ではない組織体制を検討中。その準備として、観光協会内部に「さくら部会」「なまず部会」「総務部会」を設置するという組織改編と「さくら祭り」「川まつり」などのイベントの積極開催を展開してきました。今後は三輪野江地区における「道の駅」や「体験型農場」なども視野に入れてのビジョン策定に向かいます。

約400年の歴史を誇る吉川八坂祭り

## ☑ 吉川市社会福祉協議会

地域の福祉を最前線で支える「社会福祉協議会（＝社協）」。さらなる事業展開と地域福祉の向上を目指し、吉川市との連携を維持しながらも、市長がトップ（会長）ではない組織体制を検討中。現在、学識者を座長に迎えた「企画委員会」にて事業の理念・ビジョンを策定中。

# 小さなことのようだけど

大きな政策や事業ではないけれど

皆さんの幸せに結びつく
「小さくても大事な事業」

実現したその数々をお伝えする
「小さなことのようだけど」

小さなことのようだけど

吉川小学校に災害時の
避難用通用門設置

小さなことのようだけど

桜並木の川藤地区にベンチの設置
などを行なってきましたが
今年から「簡易トイレ」を
設置しました

小さなことのようだけど

室内に設置されていたAEDを、
いざという時により使いやすく
するために、外に設置

小さなことのようだけど

南中学校と中央中学校の暗幕
を卒業式に間に合うように
新調しました！

小さなことのようだけど

中央公民館お茶室の畳を
公民館フェスティバルに
間に合うように新調
しました！

# エピローグ

ここまであっという間だったと思うと同時に、随分前からずっとやっていたようにも感じる、そんな市長就任一期目の四年間。

普段は一つの事業が終わってもふり返って感慨にふけることがなく、常に頭の中では次のテーマや次の展開がめぐっていて、驚くほどに、自分の中に満足感や達成感がないのだが、

今回の本の出版にあたって、こうして改めて振り返ってみると、随分と多くのことに取り組んできたなと思う。

そうした一期四年の取り組みの総まとめのように、二〇一八年の一一月九日、「市民と行政の共動へのチャレンジ～価値ある未来を目指して～」という吉川市の取り組み（第6章）が「マニフェスト大賞・優秀コミュニケーション戦略賞」を受賞した。

これは、「価値ある未来を、共に」を理念に、市民の皆さんとの共動で様々な事業を展開し、
「市民一人ひとりの幸福実感の向上」
「次世代のための持続可能な社会作り」
を進めてきたことが高く評価されたということであり、

市民の皆さん、そして職員のもとへ、お祝いや感謝の言葉が届くと同時に、私のもとへも、「市長一期目にして

素晴らしい成果だ」とお褒めの言葉が届いた。

それでもやはり私に達成感はなく、逆に「市民との共動」の次のステップを目指さなければならないという気持ちだけが湧いてきた。

そう、取り組まなければならない課題は山積している。

吉川美南駅東口、三輪野江地区、旭地区東埼玉テクノポリス、総合運動公園などの大きな開発や整備を完成させなければならない。

障害者の雇用、高齢者の包括的ケア、「不登校・ひきこもり」支援、児童虐待防止などの体制をしっかりと構築し根付かせなければならない。

もちろん、市民の生活に根ざした様々な課題に対しても、これまで通り現場に足を運び、市民の日々の暮らしがより幸せなものとなるよう全力を尽くしたい。

そしてそれらを、ひきつづき「市民との共動」で進め、さらに市民の皆さんが主体的にまちづくりに関われるように、さらに「市民自治」の「まち」となるように、「市民と行政の共動」の新たな取り組みにもチャレンジしたい。

＊　＊　＊

このように市長として、「まちづくり」に対しては「こうしたい、ああしたい」「あれが必要だ、これが必要だ」と様々な「思い」や「欲求」がある。

けれど、こと自分となると、「こうしたい、ああしたい」「あれが欲しい、これが欲しい」といった「欲」はほとんどない。

いや、ひとつだけ

「ささやかな願い」のようなものがある……

それは、

「価値ある未来」をさし示していた小さな指、小さな手が、

いつの日か、

「中原市長に子供の頃会ったことがあります。その時から、いつか自分も吉川市の為に働きたい、みんなの為に役立ちたいとずっと思っていて、そしていまこうして市長になっているのです」

と私よりも大きな手、立派な未来を創る手となって、

握手する時が来ることだ。

そのためにも、これからもまっすぐに、自分の持つすべての力を、

人々のために、まちのために、未来のために捧げてゆきたい。

二〇一九年一月

吉川市長　中原恵人

# 小さな指がさし示す向こうに 価値ある未来が あるように

2019年1月17日　発行

著　者　中原恵人
http://www.nakahara-shigeto.com/

発行者　永島静香

発行所　東京創作出版
〒271-0082 千葉県松戸市二十世紀が丘戸山町 53-1
Tel：Fax 047-391-3685　https://www.sosaku.info/

装丁・箱根ユウ　印刷製本・シナノパブリッシングプレス


ISBN978-4-903927-30-5 C0036